D1135283

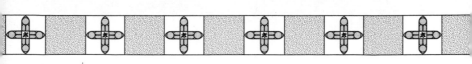

*M*éditations

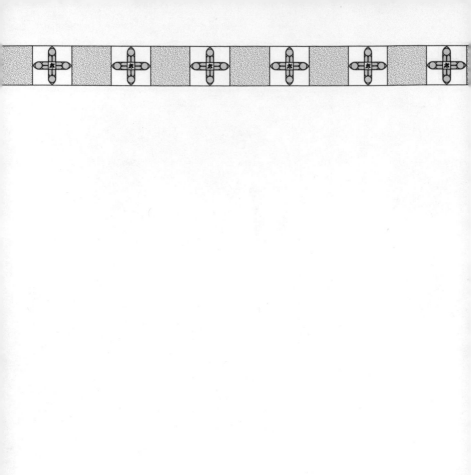

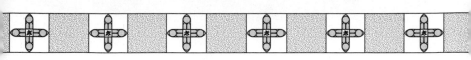

Méditations

Thomas Moore

Traduit de l'américain par
Yvan Comeau et
Élisabeth Renaud

Flammarion ltée

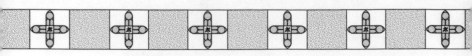

Titre original de l'ouvrage: Meditations, On the Monk Who
Dwells in Daily Life

Éditeur original: HarperCollins, New York

© Thomas Moore, 1994

© les éditions Flammarion ltée pour la traduction française

Tous droits réservés

ISBN 2-98077-140-7

Dépôt légal: 4ᵉ trimestre 1995

Données de catalogage avant publication (Canada)

Moore, Thomas, 1940-

Méditations

Traduction de: Meditations.

ISBN 2-89077-140-7

1. Vie spirituelle - Méditations. 2. Vie religieuse et
monastique - Méditations. 3. Moore, Thomas, 1940 - I. Titre.

BL624.M6714 1995   291.6' 57   C95-941471-1

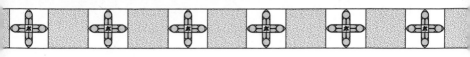

À Mary et à Ben

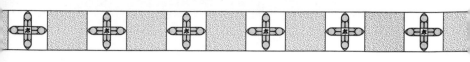

À l'âge de treize ans, j'ai quitté la maison pour entrer dans un internat catholique où l'on formait des jeunes en vue du sacerdoce. Rempli d'idéalisme et animé d'un profond désir de m'élever le plus possible dans la vie, je suivais l'exemple de garçons qui étaient une ou deux classes avant moi, à l'école, et à qui je vouais une grande admiration. Cette aspiration était si forte qu'elle surpassait le profond attachement que j'ai eu toute ma vie pour mes parents et mon frère, pour mes grands-parents, mes oncles, mes tantes et la foule de mes cousins et cousines. La peine d'être séparé de mes proches m'a déchiré le cœur année après année, mais j'ai malgré tout persévéré dans cette voie pendant douze ans. Quelques mois avant mon ordination sacerdotale cependant, l'attrait d'un univers plus vaste où vivre ma vie et exercer mes facultés a réussi à me faire renoncer à la sécurité de la vie religieuse et à partir à l'aventure.

Pendant toutes ces années, les Servites de Marie m'ont tenu lieu de famille. Cet ordre, fondé en 1233 à Florence, en Italie, a été voué dès les débuts à la vénération de Notre-Dame des Douleurs.

Un psychologue jungien affirmerait que ces années de vie religieuse intensément vécues ont été marquées chez moi par une profonde fixation de l'anima sur une figure maternelle, plus particulièrement sur celle d'une mère qui avait surveillé avec inquiétude la vie inspirée d'un fils obstinément tendu vers l'idéal, puis avait été le témoin tragique de sa fin ignominieuse et désillusionnée. Partagée entre l'action et la contemplation, la vie communautaire n'était

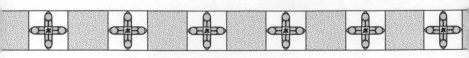

pas à strictement parler monastique. En effet, mes confrères enseignaient dans des collèges ou des écoles secondaires et exerçaient aussi leur ministère dans les paroisses. Toutefois, même dans ce cadre de vie active, leur style de vie nettement communautaire faisait une place privilégiée à la contemplation.

Les seuls mauvais souvenirs que je garde de cette expérience de la vie religieuse, outre la peine d'être séparé de ma famille, viennent de la tendance à l'autoritarisme qui s'y manifestait. J'ai dû assez souvent vivre sous la dépendance de « supérieurs » qui croyaient de leur devoir de maintenir la stricte observance des règles et des coutumes. J'ai toujours été une personne sensible qui n'a besoin que d'un soupçon de direction et, occasionnellement, de correction. Dans la plupart des cas, c'est dans mon esprit que je me rebelle. Il se trouve donc que je supportais mal les attitudes contraignantes chez les personnes revêtues de l'autorité.

Cela mis à part, la vie religieuse était pleine d'agréments. Je jouissais de la solitude pour laquelle j'ai un goût naturel et, en même temps, je pouvais toujours compter sur la communauté pour m'offrir support et compagnie. J'étais entouré d'hommes de caractère, riches de bonne volonté, d'idéalisme et d'humour. J'avais le bonheur d'être dans un ordre religieux catholique dont les membres aimaient le monde, appréciaient vraiment la culture, ne méprisaient jamais les plaisirs de la vie. Sans vie sexuelle, sans argent, sans beaucoup d'occasions d'exercer ma propre volonté, je menais une vie satisfaisante.

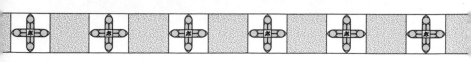

Quand j'ai finalement quitté l'Ordre, j'ai presque entièrement abandonné la religion. J'ai vécu pendant un certain temps comme un agnostique, ou peu s'en faut. Durant les années que j'avais passées en communauté, j'avais étudié sérieusement la musique. J'avais écrit et dirigé beaucoup de musique. Une fois retourné dans le monde, j'ai songé naturellement à entreprendre une carrière universitaire de musicien. Chose étonnante à première vue, l'amour de la théologie et de la religion m'était resté. J'ai obtenu des diplômes dans les deux domaines et j'ai commencé par enseigner dans les collèges avant de me consacrer pendant plusieurs années à la psychothérapie.

À la suite de la publication de mes deux livres, *Le soin de l'âme* et *Les âmes sœurs*, ma carrière a pris un nouveau tournant et s'est élargie de façon inattendue lorsque j'ai été invité à prendre la parole dans les églises. Je me suis dès lors retrouvé, dans des chaires imposantes, sur la scène et dans des librairies bondées de monde, en train de parler de l'âme. Un prêtre catholique de Cape Cod, entre autres, m'avait invité une fois dans sa paroisse. L'église était remplie à pleine capacité et il avait insisté pour que je m'adresse à l'assemblée du haut de la chaire. Une fois installé là, les gens et le curé à mes pieds, je me suis demandé: «Comment suis-je arrivé ici? Me voilà en train de réaliser le désir qui animait mes treize ans. La boucle est bouclée. Mais rien n'est vraiment comme je l'imaginais alors. Maintenant que je suis devenu époux, père de famille, écrivain, voilà que la

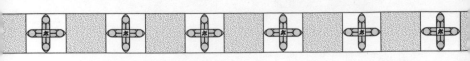

prêtrise et la spiritualité auxquelles j'aspirais si ardemment trouvent enfin leur forme.»

À travers les décennies, sans doute à la faveur d'une mystérieuse alchimie, mes pensées et mes émotions premières au sujet de la prêtrise ont changé de ton et de couleur; elles ont pris une densité et une forme que je n'avais jamais prévues. Ainsi, dans le contexte de ma vie actuelle, le sacerdoce et la vie religieuse m'apparaissent comme de subtiles réalités qui n'ont rien à voir avec un cadre de vie strict. Elles se présentent plutôt comme des virtualités intangibles qui affinent mes valeurs et ma façon de voir le monde. Elles s'offrent comme des atouts d'ordre psychologique qui donnent à ma vie un éclairage particulier.

Ce livre de méditations essaie de traduire cette alchimie pour le lecteur. Je crois que nous tous, hommes et femmes, gagnerions beaucoup à réfléchir sur la vie religieuse communautaire parce qu'on y trouve une mentalité qui peut imprégner notre vie séculière quotidienne, donner plus de profondeur à nos valeurs et à nos expériences, nourrir notre âme et nous révéler le sacré là où l'on ne voyait que le profane. La méditation est bien adaptée à cette démarche, parce qu'elle suppose, comme il en va pour les fleurs vivaces dans leur milieu naturel, une lente germination dans le terreau de notre vie.

Les méditations qu'on trouvera dans ce petit livre sont le fruit de l'expérience que j'ai faite, durant ma jeunesse, de la vie dans une communauté religieuse et de l'intériorisation subséquente de cette expérience. Même si notre société ne

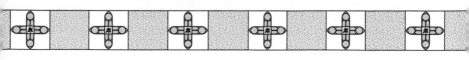

semble pas très intéressée aujourd'hui à la vie monastique, elle aspire toutefois clairement à un genre de spiritualité qui n'est ni coupé de la vie ordinaire ni caractérisé par une attitude de fuite. Il est possible que nous ayons moins besoin de nouveaux chefs et de nouvelles philosophies que du rappel de vieilles images appartenant au passé. La vie contemplative peut sembler caduque, mais son déclin nous incite paradoxalement à la considérer avec davantage d'imagination, à approfondir les leçons qu'elle nous donne, en reconnaissant ses attraits, quelle que soit notre expérience familiale ou professionnelle. L'esprit qui anime les moines souffle encore. Nous n'avons qu'à écouter de toute notre âme.

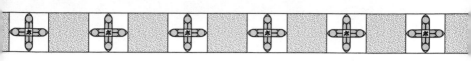

Tout ce qui vient des dieux est providence.
Les effets du hasard ne sont pas étrangers à la nature
et sont liés de très étroite façon aux desseins de
la providence.

C'est par les voies de la providence que tout nous arrive,
et la nécessité marche de pair avec elle,
comme tout ce qui se produit à l'avantage de l'univers entier,
auquel tu participes.

Marc-Aurèle, *Méditations*

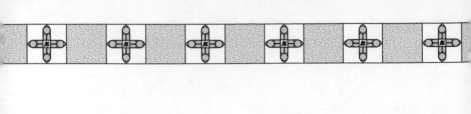

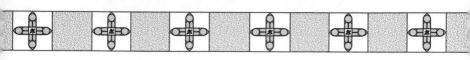

LES MOINES DE L'ÉGLISE PRIMITIVE SE retiraient dans le désert pour y faire le vide. La vie moderne est devenue tellement surchargée qu'il nous faut trouver nos propres moyens d'aller dans le désert pour nous libérer. Nos esprits sont envahis par l'information, nos journées remplies d'activités, nos villes grouillantes de voitures, notre cerveau sans cesse frappé par des images de toutes sortes, nos amitiés alourdies par des conseils non sollicités, nos emplois constamment remis en question par de nouvelles techniques, nos maisons encombrées de gadgets et d'appareils qui sont censés nous faciliter la tâche. Nous vouons un culte sans bornes à la productivité, de sorte qu'une personne inactive ou une journée improductive représentent pour nous l'échec.

Les moines sont des experts dans l'art de ne rien faire. Ils cultivent la plénitude du vide.

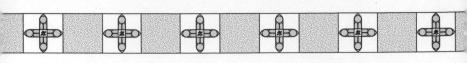

*L*ES MONASTÈRES NOUS PERMETTENT DE voir comment une vie intérieure intense peut faire naître une forme d'art ou d'artisanat et promouvoir le soin à porter aux choses. Dans le cadre d'une vie simple a surgi un trésor inestimable composé de livres, d'enluminures, de sculptures, de musique et d'architecture. L'approfondissement de la vie intérieure se manifeste au dehors par une surabondance de beauté et de richesse.

On se trompe peut-être en considérant que le monastère attire ceux qui veulent fuir l'action et la productivité. On pourrait plutôt considérer le cloître comme une solution de rechange à l'hyperactivité qui caractérise le monde moderne. Par tradition, le moine est un homme extrêmement actif, sur plusieurs fronts à la fois : il est activement engagé dans l'approfondissement de sa vie intérieure, activement voué à la vie communautaire, activement adonné à la production de mots, d'images et d'harmonies d'une grande beauté et d'une haute signification.

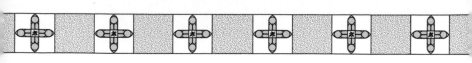

À L'ÉPOQUE OÙ NOTRE SOCIÉTÉ EST engagée dans une profonde mutation d'ordre culturel, la religion elle-même nous paraît subir son propre rite de passage. Pour certains elle est secouée par une crise sérieuse, pour d'autres elle vit des changements spectaculaires. Je vois pour ma part la religion s'acheminer vers la disparition du dogmatisme, de l'autoritarisme, de l'enrégimentation et de la foi absolue. Elle ferait alors une place privilégiée à la prière quotidienne, à une théologie ouverte à la poésie, à l'engagement social, à la contemplation éclairée et au soin apporté aux choses de l'âme.

Dans ce cadre nouveau, le monachisme peut, lui aussi, devenir une mentalité plutôt qu'une institution, un moyen parmi plusieurs autres pour accéder à une vie centrée sur l'âme, et un état d'esprit qui ménage une place à la beauté et à la culture dans le contexte d'une vie moderne axée sur le pragmatisme et l'efficacité.

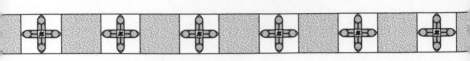

CHAQUE JOUR, NOUS DEVRIONS PRENDRE le temps de nous retirer du monde. Le mouvement lié à notre participation pleine et entière à la vie active trouverait ainsi son terme normal. Tout comme la mie du bon pain qu'on n'imagine pas sans trous, chacune de nos actions, pour avoir un résultat positif, requiert qu'on lui ménage un espace intérieur. Je me plais tout particulièrement à ces formes banales de retraite que sont de simples actes comme se raser ou prendre une douche, lire, ne rien faire, se promener à pied, écouter la radio, conduire sa voiture. Toutes ces occupations peuvent nous donner l'occasion de rentrer en nous-mêmes et de nous livrer à la contemplation.

La simple distance prise avec les multiples occupations d'une vie active peut contribuer à la naissance d'une spiritualité «hors les murs», sans lien explicite avec une Église ou une tradition. Je n'ai jamais oublié la réponse qu'a donnée Joseph Campbell quand on lui a demandé comment il s'adonnait au yoga : quelques moments passés dans la piscine et un bon verre une fois par jour. Tout peut être l'occasion de faire retraite : nettoyer un placard, faire une promenade à pied autour du pâté de maisons, nettoyer sa table de travail, fermer le téléviseur, refuser toute invitation à faire quoi que ce soit.

Quand on lui donne de l'espace, l'âme se réjouit.

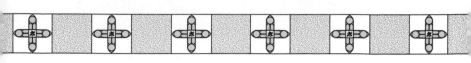

QUAND JE VIVAIS AU MONASTÈRE, L'ÉLOI-
gnement du monde ne nous suffisait pas. Un jour chaque
mois et pendant une semaine chaque année, nous «par-
tions» en retraite. De fait nous ne quittions pas le monastère, mais nous nous en éloignions. L'éloignement, au sens
littéral comme au sens figuré, est l'essence de la retraite.

Je me rappelle avoir beaucoup marché durant ce temps
suspendu. C'est toujours une image agréable qui me revient
à la mémoire quand je me revois, comme mes confrères,
marcher solitairement, d'un pas mesuré, dans les allées de
nos luxuriants jardins ou suivre les méandres capricieux
d'étroits chemins de terre. Nous marchions alors pour notre
âme. Pas question de mesurer les pulsations cardiaques, de
faire quelque effort particulier pour aller à tel endroit, de
vouloir réaliser un record de vitesse, de se préoccuper du fait
qu'on tournait en rond.

Il s'agissait simplement de fuir la vie linéaire, de nous
engager sur la voie de la réflexion, de suspendre toutes les
affaires courantes. Tel est le point de départ de la retraite et
l'un des principaux ressorts de l'esprit monastique: s'en aller
simplement à pied.

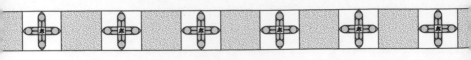

*P*AR LEUR FAÇON DE VIVRE LE VŒU DE PAU-
vreté, les religieux n'exaltent pas l'impécuniosité ou le
besoin. Ils mettent simplement un frein à leur soif d'acqui-
sition et à leur désir de posséder. Assez curieusement, on
pourrait assimiler l'expérience monastique de la propriété
communautaire à celle des citoyens de nos sociétés capitalis-
tes vis-à-vis de ce qui appartient à l'État. Les ponts, le sys-
tème d'adduction d'eau, les parcs, les routes et les édifices
publics sont à eux, sans pour autant qu'ils les possèdent en
propre. De son côté, le religieux n'est pas vraiment le pro-
priétaire de la terre sur laquelle il vit, de la voiture qu'il
conduit ou même de la chemise qu'il porte.

Woody Allen raconte l'histoire de l'un de ses oncles qui,
sur son lit de mort, avait vendu sa montre à un neveu. Les
gens qui donnent volontiers illustrent le paradoxe que les
moines épousent depuis des siècles : les grandes richesses
devraient appartenir à ceux qui renoncent à leur instinct de
possession.

Pour être complète et pouvoir combler celui qui la pos-
sède, la richesse doit être assortie d'une forme de pauvreté.

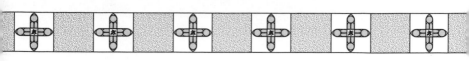

À L'ÉPOQUE OÙ MES VŒUX ME GAR-
daient dans le célibat, un homme m'a demandé comment je
m'arrangeais avec le sexe. «Je ne m'arrange pas», lui ai-je
répondu. Je n'ai jamais oublié le regard soupçonneux qu'il
m'a alors jeté et dans lequel j'ai cru lire : «Ah ! masturba-
tion, maîtresse en ville ou bien *Penthouse* caché sous le mate-
las.» De mon côté je pensais : «Le bonheur de vivre une vie
communautaire, naturelle et intérieure a aussi une dimension sexuelle. Je n'ai pas l'impression que quelque chose me
manque.»

Nous pouvons tous faire le vœu de chasteté même en
menant une vie sexuelle intense. Dire non aux autres, ne
pas accorder trop d'attention au désir sexuel, sublimer sa
sexualité, grâce à l'imagination, sans la renier, tout cela rend
plus précieuse la beauté qu'il y a à vivre sexuellement avec
une personne.

La chasteté vient grandir la sexualité, tout comme la
conscience de sa sexualité s'accroît par le célibat. Dans
Le Printemps de Botticelli, la Chasteté danse avec la Beauté
et le Plaisir, mais non pas avec la Sobriété et la Sévérité. Ce
célèbre tableau nous amène à penser que l'univers tout
entier peut devenir un partenaire sexuel.

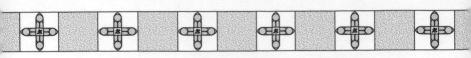

ANS LA VIE MONASTIQUE, LE TEMPS n'est pas mesuré par une horloge. La journée s'organise autour des diverses parties de l'Office divin, un ensemble de psaumes choisis selon ce que chaque jour particulier veut souligner : la mémoire d'un saint, une saison liturgique, un événement sacré. Matines, laudes, prime, tierce, sexte, none, vêpres et complies scandent les «heures» du jour consacré.

L'esprit du temps est évoqué par les chants. *Puer natus* pour Noël, *Victimae paschali* pour Pâques, *Dies irae* pour la mort. Je ne puis entendre chanter le *Te Deum* sans revivre l'impression de libération ressentie autrefois à la fin d'une longue retraite. Nous avons tous en mémoire des musiques reliées à des temps spéciaux, qui nous permettent de célébrer les saisons de l'âme. Nous pourrions tous apprendre des moines à ne pas regarder l'heure et à trouver des moyens plus imaginatifs, plus nobles de diviser le temps.

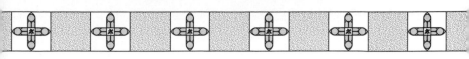

*I*L Y AVAIT UN HOMME, DANS NOTRE
communauté, qui se montrait toujours ponctuel, studieux,
sérieux. Il était de façon évidente destiné à jouer un rôle
dans la hiérarchie de notre ordre. Il offrait une cible parfaite
à nos taquineries.

Un soir, il a trouvé dans son lit les statues grandeur
nature, d'un saint et d'une sainte, couchées l'une à côté de
l'autre. Une autre fois, juste pour froisser l'orgueil que sa
ponctualité habituelle pouvait comporter, deux ou trois de
ses confrères bien intentionnés avaient dévissé les poignées
de la porte de sa chambre. Lorsque l'heure des vêpres a
sonné, il a été incapable de sortir.

Où est l'humour dans ces plaisanteries? N'arrive-t-il pas
à des saints de dormir ensemble? Le mythe de Pygmalion
ne nous enseigne-t-il pas que les statues ont leur vie privée?
Ne sommes-nous pas toujours retenus quelque part lorsque
nous avons des choses importantes à faire ailleurs?

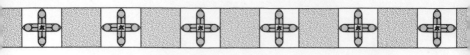

UN PÈLERIN FAISAIT UNE LONGUE route à pied lorsqu'il passa devant un moine, du moins lui sembla-t-il, assis dans un champ. Non loin, des hommes travaillaient à un gros édifice de pierre.

– Vous ressemblez à un moine, dit le pèlerin.

– C'est bien ce que je suis.

– Qui sont ces hommes qui travaillent à l'abbaye ?

– Les moines. Je suis leur abbé.

– C'est beau de voir construire un monastère.

– Ils sont en train de le démolir.

– En quel honneur ?

– Nous voulons voir le soleil se lever au point du jour.

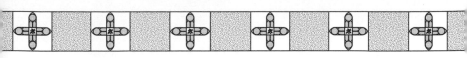

JE SUIS SÛR QUE LE JOUR OÙ NOTRE médecin a décidé de faire une visite au monastère, il n'avait pas la moindre idée de ce qui lui arriverait. Au début de la fête, il se tenait bien droit, drapé dans sa dignité, lorsque sa femme a été précipitée dans la piscine par un moine maladroit qui était passé trop près d'elle. Mais quand le prieur, pour faire bonne mesure, a jeté le mari dans l'eau, celui-ci a dû commencer à se faire une idée nouvelle de ce qu'était un monastère.

Les attitudes solennelles n'ont heureusement jamais eu leur place dans la façon de me comporter. J'ai toujours penché pour un genre d'engagement spirituel qui stimule plutôt qu'il n'étouffe l'humour truculent et même la grivoiserie. La volonté divine peut être définie comme étant à l'opposé des visées humaines et des prescriptions de l'étiquette. On peut être assuré qu'on a progressé dans la voie de l'esprit lorsqu'on note chez soi la présence d'un grain de folie. Et qui peut dire que cet incident n'a pas été l'occasion d'un second baptême!

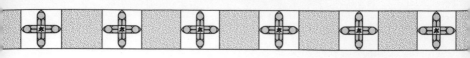

NOUS POURRIONS TOUS FAIRE VŒU d'obéissance, alors même que nous recherchons la liberté et l'autonomie. Obéir suppose l'écoute attentive d'autrui. Seul l'égoïsme exacerbé laisse croire que notre destinée nous est révélée par notre volonté exclusive et notre pensée personnelle.

Vous savez quelque chose que j'ignore à propos de la direction que je veux prendre. Si je ne me fie qu'à moi-même, je me condamne à tourner en rond. Si vous me taisez ce que vous voyez et soupçonnez, j'ignorerai dans quelle direction je dois aller.

Et puis, si je n'écoute ni mes amis ni mes proches, je me fais prisonnier du labyrinthe où m'enferme ma courte vue. L'obéissance est ordonnée à la vie communautaire mais, si je ne m'accorde pas à l'esprit de la communauté, l'obéissance devient vite un esclavage. Le moine découvre la volonté de Dieu à travers son supérieur. Le laïc peut déceler une volonté transcendante qui le guide à travers les pensées et les réflexions de ceux qui l'entourent.

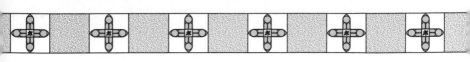

J'AVAIS DIX-NEUF ANS LORSQUE JE SUIS allé chercher une direction spirituelle auprès du maître des novices. Son frère était un contemplatif reconnu dans l'Ordre, mais chez lui-même la perspective terrestre et la perspective céleste voisinaient harmonieusement. C'était un homme aimable et de grande culture qui, en sa qualité de supérieur, pouvait se montrer chaleureux sans manifester de paternalisme. Comme c'était la coutume, je me suis prosterné devant lui, puis j'ai baisé mon scapulaire quand il m'a fait signe de me relever.

– Je viens de lire un livre sur la méditation, ai-je dit. L'auteur affirme que la meilleure méthode est d'entretenir une conversation avec le Christ. J'essaie, mais il semble que je sois le seul à parler.

– Continuez à écouter jusqu'à ce que vous entendiez quelque chose, m'a-t-il donné pour seule réponse.

Trente-quatre ans après avoir vu ce maître des novices pour la dernière fois, j'ai reçu de façon fortuite une lettre de lui. Je lui ai alors rendu visite à son monastère. J'ai retrouvé le même pince-sans-rire, mais aussi un homme d'une culture encore plus vaste et d'une gentillesse accrue. Peut-être parce que les pièges qui minent les rapports entre maître et disciple n'existaient plus, j'ai éprouvé beaucoup d'affection pour lui et aussi de la reconnaissance pour ce qu'il m'avait apporté au temps de ma jeunesse.

Maintenant que j'ai lu Jung, Ficino, Yeats, Rilke et Dickinson, j'ai appris à écouter en méditant. J'ai mis trente ans à savoir me taire, à attendre et à prêter vraiment l'oreille.

J'ai de nouveau un maître des novices. N'est-ce pas une découverte extraordinaire !

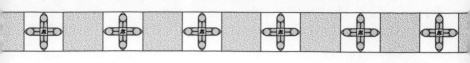

*L*ES DOUZE ANNÉES QUE J'AI VÉCUES dans une communauté d'hommes m'auront permis de découvrir que les religieux pouvaient être hétérosexuels et n'en être pas moins attirés les uns par les autres. Je n'ai jamais été témoin de marques concrètes de cette attirance, mais j'ai pu deviner la passion, le désir.

Une étudiante en théologie m'a déjà avoué que, toutes les fois qu'elle assistait à un cours dans son champ de spécialisation, il lui venait un puissant désir sexuel. Serait-ce que, partout où le sexe est exclu, il manifeste son déplaisir par le biais de l'obsession? Est-ce qu'un cours de théologie plus charnel produirait les mêmes effets? Qu'en serait-il si l'école était fondamentalement plus aguichante? Qu'en serait-il si nous permettions à tous les aspects de la vie d'être imprégnés de désir, de sensualité, de plaisir?

J'imagine que les résultats seraient les suivants : moins de préoccupation quant aux choix sexuels des autres, une représentation plus intéressante du sexe au cinéma, moins de moralisme dans l'éducation et des plaisirs plus profonds dans la vie ordinaire. Nous n'avons pas encore appris ce que les moines savent fort bien : que le sexe n'a pas grand-chose à voir avec la biologie.

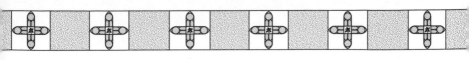

À L'ÂGE DE VINGT ANS, ALORS QUE je vivais dans un prieuré d'Irlande, un homme perspicace et généreux m'a pris sous sa tutelle. Il me racontait d'innombrables histoires au sujet des écrivains et des peintres qu'il avait connus. À l'époque, il était très proche de Samuel Beckett, un écrivain avec lequel je me sentais alors une certaine affinité. Peu avant de partir en vacances à Venise, les deux amis m'avaient invité à les accompagner. Je me suis vite précipité chez le prieur pour obtenir la permission de passer deux semaines en Italie. Il m'a alors regardé comme si je lui avais demandé de m'acheter une Jaguar décapotable. «Absolument hors de question!» a-t-il tranché d'une façon qui ne laissait aucune place à la discussion.

En ce temps-là, les ressources de mon imagination ne m'offraient pas d'autre choix que le regret. Les règles étaient les règles, et les prieurs étaient prieurs. Maintenant je pense différemment. J'ai entendu parler de Giordano Bruno, par exemple, un moine qui voyageait de pays en pays, enseignant des théories révolutionnaires, jusqu'à ce qu'on le condamne au bûcher. Je me rends compte aujourd'hui que j'avais d'autres choix. J'aurais pu aller à Venise et ensuite supplier qu'on me réintègre dans la communauté, ou bien j'aurais pu entrer chez les Jésuites, ou encore poursuivre à mon propre compte des études en Europe. J'éprouve du plaisir à la seule évocation de cette dernière possibilité.

Certains styles de vie spirituelle nous amènent souvent à perdre le contact avec notre liberté et notre imagination.

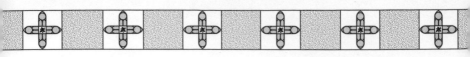

AU COURS DE MES DERNIÈRES AN-
nées de vie religieuse, j'avais un ami qui était trop attaché
aux plaisirs de ce monde pour trouver grâce aux yeux de mes
supérieurs. C'était un homme extraordinairement intelligent
et doué, un ami véritable et, bien qu'il vécût totalement
étranger à la religion, un admirateur des traditions monasti-
ques. On m'a averti que ses visites devraient cesser et qu'il
n'était pas question pour moi de le rencontrer en dehors du
monastère.

Le prieur craignait peut-être que je me laisse entraîner par
les agréments de la vie mondaine et que je renonce à mes
vœux. Il avait raison. J'ai renoncé à mes vœux, et mon ami
a certainement exercé une influence à ce sujet. Chacun a
joué son rôle : l'ami tentateur, l'autorité protectrice et moi, le
pèlerin aux yeux grand ouverts.

Quoi qu'il en soit, le fatum a le bras long. Ni les bonnes
raisons ni la loyauté n'empêchent notre destinée de
s'accomplir. Heureux sommes-nous si nous pouvons trouver, en nous-mêmes comme à l'extérieur de nous, des « autorités » qui jouent leur rôle de protection et de conseil... et si
nous pouvons, en même temps, faire brûler un cierge sur
l'autel de l'inéluctable.

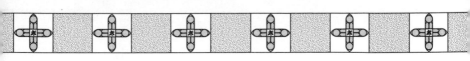

AU COURS DES DOUZE ANNÉES QUE j'ai vécues dans une communauté religieuse, j'ai eu l'occasion de croiser plusieurs personnalités extraordinaires. Ces rencontres ont été pour moi une grande bénédiction. Les gens qui regardent les moines de l'extérieur perçoivent les robes et les capuchons. À l'intérieur, on peut découvrir les âmes.

Le compositeur Monteverdi disait qu'il y a trois passions : l'amour, la haine et la prière. Je les voyais toutes trois à l'œuvre en communauté. Curieusement, la prière favorise et la solitude et l'amour. Les hommes qui prient ensemble plusieurs fois par jour et puis ensuite travaillent, s'amusent et réfléchissent de façon ardue tissent des rapports communs privilégiés.

Il y a peu de place pour la sentimentalité dans ce milieu, mais si l'idéalisme propre à la prière commune suscite des émotions liées à une intimité authentique, un extraordinaire courant de joie partagée s'établit, et il n'y a rien de plus profondément satisfaisant.

Aujourd'hui, la prière ne semble plus à la mode. La convivialité non plus. Faut-il y voir une coïncidence ?

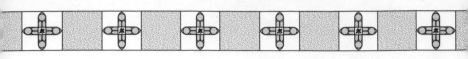

ETTE HISTOIRE S'EST PASSÉE AU COURS DE mes premières années de vie religieuse. Un jeune homme en visite avait rendez-vous ce soir-là et il lui fallait se faire couper les cheveux. Il avait remarqué notre salon de coiffure, à l'allure toute professionnelle. Il ignorait cependant que dans notre communauté la coutume voulait que tous les six mois chacun change d'«emploi». On confiait donc souvent à des moines sans expérience l'exécution des multiples tâches à effectuer dans le monastère. Comme le «barbier» venait tout juste d'assumer sa charge, notre jeune visiteur partit ce jour-là un chapeau bien enfoncé sur sa tête maladroitement tondue.

J'ai eu une attaque d'appendicite sur un terrain de football en Irlande et je suis allé consulter l'«infirmier». Nous étions tous portés à croire que, dans nos différents offices, nous savions ce que nous faisions. L'infirmier m'a recommandé des compresses chaudes. Quand le médecin est arrivé, il a tout de suite demandé qu'on me conduise à l'hôpital pour l'intervention chirurgicale et il a prescrit des compresses froides en attendant.

Tout ceci donne à croire que nous pouvons survivre sans nécessairement recourir à des experts. Nous pouvons même découvrir la pertinence de la vie communautaire dans cet échange généralisé de bons offices.

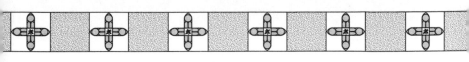

UN PANNEAU-RÉCLAME, NON LOIN DE la vieille maison où j'ai déjà habité, portait le message suivant écrit en lettres de deux mètres de haut : PRIEZ. ÇA MARCHE. J'ai toujours considéré cette invitation comme le parfait exemple du pragmatisme américain. Si ça ne marche pas, allez-vous cesser de prier ? Priez, ça marche : qu'est-ce que cela peut bien signifier ? Qu'on obtient ce qu'on veut ? Que la vie devient meilleure ?

Mon panneau à moi dirait : PRIEZ. IL SE PEUT QUE CELA NE MARCHE PAS. En effet, la prière apparaît souvent comme un moyen d'obtenir ce que l'on veut en faisant l'économie d'un effort ardu. Mais on se rend compte que ce qu'on désire est le plus souvent ce dont on n'a pas besoin.

Priez, point ! N'attendez rien. Ou, mieux, ne vous attendez à rien. La prière nous libère de nos attentes et laisse la porte ouverte à l'appel divin, à la providence, à la vie elle-même ! Qu'est-ce qui pourrait valoir davantage la peine – ou l'absence de peine ?

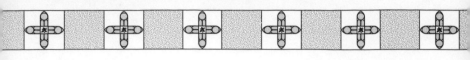

CROIS ECCLÉSIASTIQUES SE RENDANT à un concile étaient assis autour d'une table d'auberge. L'aubergiste leur servit à boire et à manger; puis il leur posa cette question :

– Lequel d'entre vous est sur le bon chemin ?

– Je dois rendre un loyal témoignage de ma foi et de mon engagement, répondit le premier. Je sais que je suis sur le bon chemin et je remercie le Seigneur de me montrer la voie.

– Nous sommes tous sur le bon chemin, continua le second. Chaque être humain doit trouver son chemin vers la vérité. Notre but à tous est le même, malgré que nos routes soient différentes.

– Personne n'est sur le bon chemin, affirma le troisième. Il n'y a pas de vraie voie, mais seulement une route qui divague et dans laquelle nous maintient l'espérance. En vérité, il n'y a pas de chemin du tout, excepté celui qu'on voit en regardant derrière soi.

– Non, vous ne comprenez pas, leur dit l'aubergiste. Vous êtes tous les trois sur la mauvaise voie, parce que le chemin devant vous est un cul-de-sac.

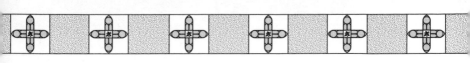

*L*A MAJEURE PARTIE DE LA VIE DES moines est consacrée à une œuvre mystérieuse nommée liturgie. Le sens étymologique de ce mot est «travail ou production de caractère public». Nous, laïcs, considérons le travail comme une activité à laquelle nous nous livrons pour gagner notre vie et ne pas crever de faim, pour donner un sens à notre existence et atteindre à un certain succès. Nous aimons justifier notre vie par le travail.

Le moine renonce à cette sémantique pour se tourner vers un travail ordonné à l'âme. Son travail, c'est la liturgie.

L'exemple du moine nous fait découvrir qu'une forme inusitée de travail qui nourrirait l'âme plutôt que le corps a sa place dans le monde. Un rien pourrait permettre à l'âme de se sustenter, de se comprendre et de trouver sa raison d'être : quelques moments passés à contempler une peinture ou un coucher de soleil, à écouter une sonate suffiraient.

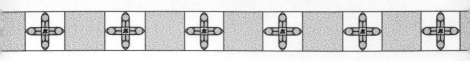

QUEL EST LE PLUS SÉRIEUX PROBLÈME DE
notre société de consommation ? Ce n'est pas le fait, pour les
gens, de courir les magasins, d'acheter, de posséder, de vendre, d'user et d'abuser. Il s'agit là de diverses façons de
s'attacher au monde des objets, ce qui n'est pas une mauvaise habitude en soi. Le problème, c'est qu'en faisant des
courses, en achetant et en accumulant des biens, nous ne
sommes jamais satisfaits. C'est que l'impression de vide
consécutive à cette soif de possession montre bien que, malgré nos nombreuses acquisitions, nous ne possédons jamais
vraiment.

Je suis porté à croire que l'âme éprouve le besoin d'avoir
et de posséder et que le renoncement spirituel tend à com-
battre ce besoin. Mais le vœu de pauvreté n'a rien en commun avec le refus moraliste du plaisir.

Que faut-il pour posséder vraiment ? Il faut aimer tellement un objet qu'on refuse d'en être séparé, qu'on ne sup-
porte pas de le voir négligé ou mal utilisé, qu'on est incapable de compter sur quelqu'un d'autre pour s'en occuper
convenablement.

Notre matérialisme est un signe que nous n'aimons pas
le monde d'assez près.

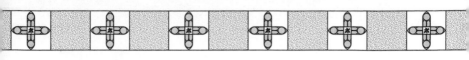

*P*OUR DES RAISONS QUE JE N'AI JAMAIS comprises, notre communauté a quitté un jour un beau monastère, que nous aimions et où nous étions confortablement installés, pour se transporter dans un froid pavillon faisant partie d'un séminaire diocésain des environs. Nous avons regardé les ternes planchers de terrazzo et les murs gris de notre nouvelle demeure, puis nous nous sommes donné comme tâche immédiate de la repeindre entièrement et d'y apporter des lampes, des tableaux, des sofas moelleux et des chaises confortables. Quelques mois s'étaient à peine écoulés que nous recevions des demandes de la part de voisins séminaristes qui voulaient se joindre à notre communauté.

Assez curieusement, c'est notre préoccupation mondaine du confort, à nous religieux, qui semblait attirer chez nous les candidats au clergé dit « séculier ». Quand la spiritualité et le soin apporté aux choses temporelles sont si intimement mêlés qu'il devient difficile de les dissocier, ils révèlent un surplus d'âme et exercent un grand pouvoir de séduction.

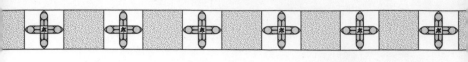

ON RACONTE QUE LES PRÊTRES ET LES moines ont pratiqué à une époque la règle du *jus primae noctis*, c'est-à-dire du droit à la première nuit. L'homme d'Église officiait au mariage du couple, puis passait la première nuit avec l'épousée. Un prêtre du XIVe siècle aurait eu une longue liaison avec une femme dont il avait célébré le mariage. Son mari disait : « Si c'est avec le prêtre, ça va, mais tiens-toi loin des autres hommes. »

Le moine vit conformément au conseil de Marsilio Ficino : en partie dans le temps et en partie dans l'éternité. Rien de ce que l'on fait n'est entièrement de ce monde, et pourtant nos actions sont toujours de ce monde. Nous pourrions tous vivre partiellement hors du monde pour ainsi découvrir, peut-être, les limites et les imperfections de ses lois et coutumes.

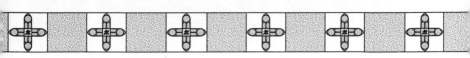

Dieu lui-même est né!
Ainsi, pouvons-nous croire, Dieu n'existe pas
tant qu'il n'est pas né.

Et ainsi, pouvons-nous constater encore,
il n'y a ni commencement ni fin
à la naissance de Dieu.

D.H. Lawrence

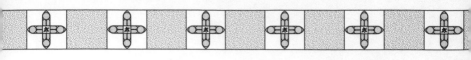

J'AI VÉCU AUPRÈS D'UN HOMME AIMA-
ble et intelligent qui a passé plusieurs années dans notre
communauté. Je l'admirais beaucoup. Le prieur, néanmoins,
était constamment agacé par l'indépendance d'esprit de ce
religieux et ne manquait pas une occasion de le rabrouer. Je
ne suis pas du genre à m'interposer volontiers ou de façon
énergique, mais je n'ai pu à l'époque être le témoin tran-
quille de cette injustice. J'ai dit au prieur que j'étais fort troublé par sa façon de traiter cet homme que l'Ordre pouvait
s'estimer heureux de compter parmi ses membres.

La semaine suivante, mon ami fut sommé cavalièrement
et de façon impérieuse de quitter une communauté qui
l'aimait et dont il avait fait partie pendant au moins six ans.
On lui a dit que son comportement perturbait sérieusement
ses confrères. Quelques mois plus tard, une petite révolution
s'est produite dans le gouvernement de l'Ordre, et le prieur
a perdu sa charge.

Je n'ai aucun doute quant à la nécessité et au caractère
inéluctable du départ de mon ami. J'ai cependant appris, à
l'occasion d'événements particulièrement éprouvants, que
l'autorité religieuse peut facilement perdre l'un des dons les
plus grands accordés à l'âme humaine : la conscience. C'est
la conscience qui est la première sauvegarde de la communauté. Une autorité jalouse peut masquer ce que la vertu
commande. Elle peut devenir une forme de folie qui fausse
le jugement et fait oublier les devoirs fondamentaux
qu'impose la justice.

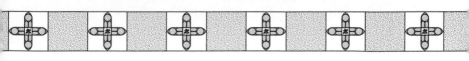

*M*ES SOUVENIRS SE RAPPORTANT AUX années passées en communauté relèvent pour un très grand nombre de la comédie : farces, histoires invraisemblables, personnalités fantaisistes, comiques de haut vol, légendes appartenant à un folklore marqué d'un grain de folie. Dans les occasions solennelles, la démence, le fou rire n'étaient jamais loin : voix qui faisait couac au milieu d'un chant solennel, erreurs dans le rituel, nourriture renversée au cours d'un repas pris en silence, vêtements liturgiques accidentellement endossés à l'envers.

Je peux cependant me rappeler certains caractères dénués de la capacité de rire ; gens sincères, oui, mais sévères et tendus, ignorant la plaisanterie et la considérant même comme un crime, ou presque.

L'humour lubrifie, adoucit la vie spirituelle et la rend plus attrayante.

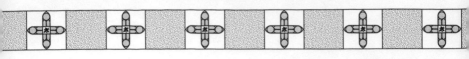

UNE JEUNE FILLE DONT LA FAMILLE vivait dans la gêne voulait améliorer son sort. Elle avait courageusement essayé d'obtenir son diplôme d'études secondaires, mais l'État venait de décider que tous les élèves devaient réussir des examens de mathématiques difficiles, auxquels elle avait échoué. «Nous devons hausser nos standards», avait déclaré le ministre de l'Éducation. Nous devons rester compétitifs à l'aube du XXIe siècle. Les Chinois et les Japonais connaissent les mathématiques, nous devrions tous aussi les connaître.»

Quand les éducateurs sacrifient la bienveillance au principe, à l'ambition et à la compétition, l'âme est une fois de plus écrasée par un désir perverti de succès. Quand l'individualité de la personne est asservie aux principes généraux régissant la masse, l'âme commence à se diluer. L'esprit de principe, l'utopie et le totalitarisme prennent la place.

La leçon la plus difficile à apprendre concernant le soin de notre âme est que nos ambitions les plus hautes et les plus séduisantes sont ses pires ennemies.

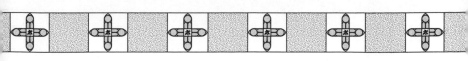

$\mathcal{D}$ANS LES MEILLEURS MONASTÈRES, LA recherche de la beauté et la pratique de la vie spirituelle sont indissociables. C'est pourquoi la musique, l'architecture, les arts plastiques, la rhétorique, l'horticulture, et les bibliothèques prospèrent. La vie communautaire est l'objet de la préoccupation commune. L'étude, la lecture et la conservation du savoir dans les bibliothèques font partie intégrante de la vie spirituelle.

L'âme est menacée dans toutes les circonstances suivantes : quand le culte de la beauté tourne à la sentimentalité ou à la propagande ; quand l'architecture et les autres formes d'art sont négligées ou passent au second plan ; quand on oublie l'importance de progresser et d'apprendre dans tous les domaines qui offrent un support à la vie spirituelle ; plus particulièrement, lorsqu'on subordonne l'exercice de la vie spirituelle à une forme particulière de valorisation personnelle.

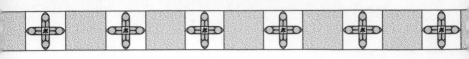

E N'AI JAMAIS EU L'IMPRESSION QUE
Jésus ou Bouddha étaient des prosélytes. Ce n'était tout simplement pas leur genre que d'organiser des campagnes de
recrutement ou de former des réseaux. Ils semblent avoir été
moins ambitieux.

Les adeptes, les disciples et les néophytes – c'est ainsi
qu'on désigne ceux qui ont donné leur foi totale à la valeur
d'un message spirituel – courent le risque de vouloir rendre
tous les autres aussi parfaits qu'eux. «Tu dois lire ce livre,
écouter ce prédicateur, aller à cet endroit, devenir ça et ça.»
Faut-il croire que, lorsque l'esprit a tellement d'emprise sur
une personne, celle-ci doive convertir tout le monde à son
enthousiasme ?

Seule l'âme peut freiner cette tentation de vouloir repro-
duire des clones de ses propres langues de feu. L'âme absout
l'échec de celui qui n'atteint pas à la perfection, elle tolère la
résistance à la lumière, elle respecte l'ignorance totale de la
vérité absolue, les attachements mal placés et les errances
perpétuelles.

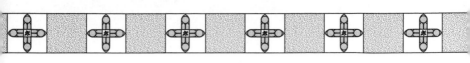

Un vieil étang,
une grenouille qui saute.
Plouf!

DANS SON POÈME CONSACRÉ À LA GRE-
nouille, Basho a rendu le bruit de l'eau par diverses onoma-
topées: flac, floc, plouf! Les sons caractéristiques peuvent
difficilement trouver leur traduction en mots ordinaires.

J'aimerais ouvrir mon propre magasin d'instruments de
musique, où je vendrais des fontaines d'eau jaillissante
accordées en quartes et en quintes; des arbres au feuillage
berceur destinés à être plantés près de la fenêtre des chambres à coucher; de longs tubes de métal qui émettraient une
fréquence sonore si basse qu'elle ne pourrait pas être enten-
due mais seulement sentie; des ruches dans lesquelles le
point d'orgue des abeilles pourrait être amplifié au moyen
d'un haut-parleur; des grenouilles sopranos et des grenouilles basses; des pierres qui, frappées l'une contre l'autre,
deviendraient instruments de percussion; des verres qui,
frappés délicatement ou frottés avec le bout des doigts, chan-
teraient; une mangeoire qui attirerait une variété d'oiseaux
chanteurs; des poissons qui feraient des bulles sonores dans
un étang.

Mon magasin s'appellerait «L'Étang de Basho».

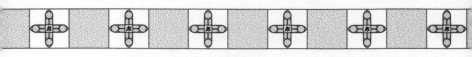

*P*OURQUOI EST-IL PLUS DIFFICILE À UN riche d'entrer au royaume des cieux qu'à un chameau de passer dans le chas d'une aiguille? On a beau dire qu'il s'agit ici d'une image, l'expression n'en reste pas moins frappante. On est même tenté de se demander: «Le chameau entrerait-il par devant ou par derrière, si jamais il se risquait à essayer?»

La recherche de l'argent, du pouvoir, du prestige et du confort est-elle si opposée aux préoccupations de l'esprit? Je crois que c'est moins l'argent amassé, que l'importance qu'on y accorde, qui fait problème. Une personne fortunée peut n'être pas riche au sens biblique du terme, alors qu'une personne de fortune modeste peut se laisser accaparer par le poids de ses sous.

Selon un vieux conte irlandais, un moine chérissait une chose au-dessus de tout: une mouche qui parcourait chacune des lignes de son bréviaire à mesure qu'il lisait les psaumes. Un jour la mouche est morte, et le moine s'est lamenté de sa perte auprès de son directeur spirituel. Celui-ci lui a servi pour toute remontrance: «Le malheur veille toujours au chevet du riche.»

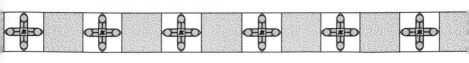

ANS SON UTOPIE, SAINT THOMAS
Moore recommande : «Si vous ne pouvez pas vous convertir au bien, alors faites le moins de mal possible».

Il menait une vie de famille intense, jouissait du pouvoir
politique et n'en aspirait pas moins à l'esprit monastique.
Homme en ce monde et pour l'éternité, il a cultivé l'amitié,
pratiqué le service et le dévouement. Il s'est particulièrement
laissé guider par un antique principe humaniste : la vie de
l'esprit s'épanouit de concert avec une vie remplie de plaisirs
modérés, délicats et prudents.

Si vous aspirez à la pureté spirituelle de votre vie, alors
vous devez, plus que la plupart, cultiver les honnêtes plaisirs
de ce monde.

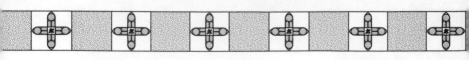

*E*MILY DICKINSON SE DEMANDE: «EST-CE l'oblitération ou bien l'assimilation qui survient lorsque nous oublions!»

Quand une nouvelle pensée, une nouvelle notion ou un nouveau sentiment se présentent d'eux-mêmes, nous ne pouvons ni les oublier ni les laisser passer. Si nous les invitions ou si nous acceptions de vivre en leur compagnie, peut-être bien qu'ils ne nous préoccuperaient plus tellement. Ils seraient oubliés, soit, mais non pas rejetés dans le néant. Ils auraient plutôt imprégné tout notre être.

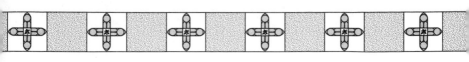

ON DIT QUE MICHEL-ANGE POUVAIT déjà voir la sculpture dans le bloc de marbre brut. Ne serait-ce pas aussi un talent particulier que de voir à rebours le marbre d'où sont sorties nos réalisations ?

Nous avons tendance à tout considérer, les personnes aussi bien que les choses, comme des données figées, unidimensionnelles, sans lien avec leur environnement. Ne pourrions-nous pas aussi considérer l'histoire dans laquelle choses et gens évoluent, l'esprit qui leur donne leur propre identité, la musique produite par leurs mouvements ou leurs gestes, l'arôme émanant de leur présence, le vide qu'ils remplissent, les secrets qu'ils nous cachent par leur seule présence ? Quelle sorte de sens nous permettrait de jouir de cette forme de perception ?

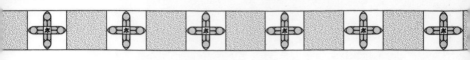

*M*ARSYAS, UN HÉROS DE LA MYTHOLO-
gie qui jouait de la flûte ou du hautbois, lança un jour un défi au dieu Apollon. Les Muses arbitrèrent le combat musical, et Marsyas perdit. Il fut condamné à être écorché vif.

Le mortel torturé par le dieu qui l'inspire apparaît comme un thème central dans la réactualisation des mystères anciens survenue à la Renaissance, écrit l'historien Edgar Wind. Le supplice de Marsyas illustre de façon primitive le mystère inhérent à toutes les entreprises sérieuses de vie spirituelle. Nos ambitions timides en matière de spiritualité, qui s'appuient parfois sur la sentimentalité, peuvent être brisées, réduites en miettes, dépouillées de leur raison d'être et vidées de leur sens le jour où nous découvrons la nature terrifiante de ce que nous qualifions naïvement de divin et d'angélique.

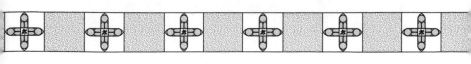

ON CONNAÎT LA LÉGENDE D'ORPHÉE, qui était descendu aux Enfers pour en ramener son épouse Eurydice. La ténébreuse spiritualité orphique des enfers, qui survit encore, n'est pas plus sacrée et ne rapproche pas davantage du divin que n'importe quelle quête de l'esprit fondée sur les astres, les montagnes ou autres réalités du genre. Mais le mystère d'Orphée nous confond avec sa logique rebutante. Si on veut ramener du fond de l'abîme son trésor, son amour, son âme même, on doit éviter de le regarder en cet instant crucial qui se situe entre la fin de la vie et l'oubli de la mort. L'objet même de la quête spirituelle disparaît dès l'instant où il est perçu.

Ainsi, génération après génération, les poètes orphiques parlent de ce qu'ils n'ont jamais vu et ne verront jamais aussi longtemps qu'ils seront en sa présence.

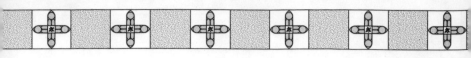

LES CHANTS DE L'OFFICE DIVIN REFLÈtent et illustrent la vie que mènent les moines. Leur musique est modale, c'est-à-dire qu'elle n'est pas obligatoirement entraînée vers sa conclusion ni conditionnée par le rapport étroit entre les notes et les accords, comme en musique moderne. Les sommets et les conclusions surviennent de façon mélodique, dans la plupart des cas, avec un envol nettement perceptible dans le chant et une dynamique musicale très sûre.

Une vie de type modal, qui se déroulerait selon le modèle de ce chant, puiserait sa source dans l'art plutôt que sous l'impulsion de l'émotion brute. Elle serait individuelle (mélodique) plutôt que collective (harmonique). Une vie à caractère modal, comme la musique modale, aurait cette beauté spéciale qui vient de l'absence de contrainte.

Je n'ai jamais vu de moines valser et je ne suis pas sûr que leur vie s'accorde au rythme du rock and roll.

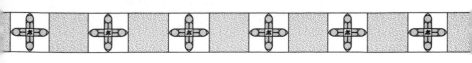

$\mathcal{P}$ARCE QU'IL VIT ESSENTIELLEMENT EN retrait du monde, il arrive presque tous les jours que le moine soit obligé de décliner une invitation qui lui vient de l'extérieur. Il est souvent difficile de s'approcher physiquement des monastères. Ils sont protégés par de solides clôtures qui s'ouvrent sur de longues allées. Ensuite des portes épaisses garnies de cloches retentissantes, un labyrinthe de corridors et des avis écrits en latin nous apparaissent comme autant d'obstacles à franchir. Tout ce rituel suggère un esprit particulier soucieux de résister à l'envahissement du siècle.

Toute quête de spiritualité oblige à revêtir, de façon métaphorique, l'habit du moine. Nous pourrions apprendre à nous dérober aux regards des autres et à nous soustraire à leur attention pour préserver notre intégrité spirituelle. Le siècle devrait avoir de la difficulté à s'introduire chez nous.

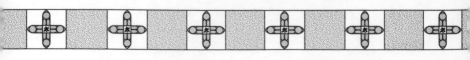

Dans un conte japonais, un professeur de tir à l'arc renommé grimpe jusqu'au sommet d'une montagne pour y trouver le plus grand archer du monde. Il est alors étonné de découvrir que ce maître accompli n'utilise ni arc ni flèche. Cependant, au moment où le maître lève ses bras vides vers le ciel, en position de tirer, et qu'il laisse partir une flèche invisible, un oiseau tombe sur le sol.

Je rêve d'une restauration du monachisme qui n'aurait pas besoin de monastères, d'un retour à la langue sacrée sans qu'il faille d'églises où l'utiliser. Je rêve d'une formation morale qui trouverait sa place en dehors de l'école, de l'émergence d'une sensibilité psychologique qui oublierait la psychologie comme discipline. Je rêve d'un monde où l'art fleurirait sans qu'il soit besoin d'artistes patentés, d'une vie communautaire intense qui n'exige pas qu'on appartienne à une organisation. Je rêve pour l'âme d'une vie épanouie qui ne soit pas le produit de l'effort.

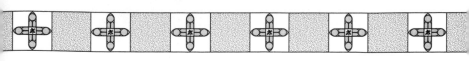

ERTAINS THÉOLOGIENS DE LA RENAIS-
sance se sont efforcés de concilier le paganisme avec le
judaïsme et le christianisme. Il nous reste toujours à réaliser
cette « détente » sans laquelle la vie spirituelle ne saurait vraiment s'épanouir. Des fragments de nos cœurs et de nos
esprits logent au jardin de Gethsémani et au jardin d'Épi-
cure ; certains s'introduisent dans le zodiaque des apôtres et
dans celui des animaux ; d'autres se mêlent au vin de
Bacchus et à celui de l'Eucharistie, aux psaumes de David et
aux hymnes d'Homère.

Il ne s'agit pas d'appartenir à telle religion ou d'adhérer
à telle croyance ; c'est une exigence de la vie elle-même et
de la participation à ses mystères. Ainsi pouvons-nous tous
être païens par notre affirmation de la vie sous tous ses
aspects, chrétiens par la manifestation de notre fraternité,
juifs par l'affirmation du caractère sacré de la famille, boud-
dhistes par notre affirmation du vide et taoïstes par notre
culte du paradoxe.

Le moine nouveau porte d'invisibles costumes. Thomas
Merton voyage à travers le monde, puis meurt parmi les
moines orientaux. N'y aurait-il pas là, pour notre époque,
un mythe lié à la résurrection de l'esprit monastique !

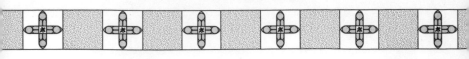

SAINT COMPASSUS ET SES HUIT MOINES avaient vécu pendant des années dans une région de forêts et de prairies à l'intérieur des terres. Un matin, le saint se leva avec la certitude que lui et ses compagnons étaient destinés à découvrir un nouveau monde au-delà des mers. Il bénéficiait d'un certain savoir acquis dans les livres et d'une forme de connaissance de caractère intuitif et divinatoire. Pendant cinq ans, il lut tout ce qu'il put trouver sur la mer et les terres inconnues. En même temps, il observait le vol des oiseaux migrateurs, la forme des nuages et le bruit du tonnerre.

Quand tout fut prêt, les moines montèrent dans l'embarcation, construite de leurs mains, qu'ils avaient traînée jusqu'à la côte. Au milieu des sarcasmes de leurs compatriotes, qui croyaient que cet équipage venu des terres périrait sur une mer inconnue, les moines mirent à la voile au large de la falaise. Saint Compassus savait exactement où l'embarcation se dirigerait, mais un courant imprévu les dérouta dès la première minute de leur voyage. Ils naviguèrent d'abord en cercles, puis en zigzags et finirent par aller tout droit, mais dans la mauvaise direction. On n'entendit plus jamais parler d'eux.

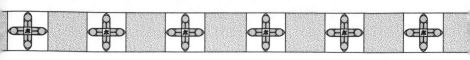

LE JOUR OÙ LES MOINES AURONT ACCÈS à toutes les manifestations de la culture, la théologie aura été restaurée et révisée. On pourra alors mener une étude enrichissante des religions et des non-religions, des philosophies, des œuvres poétiques, des fictions, des musiques, des croyances et des non-croyances.

Dans mes rêves éveillés, la nouvelle théologie prend place à côté des arts et des sciences. L'objet de son étude inclut le menu quotidien de la culture, le rituel, la prière, la vénération des icônes, les cérémonies, l'architecture, la célébration des heures du jour, la maladie, la mort, la naissance, le mariage, le désir, la mélancolie, le sens et l'absence de sens, l'histoire, les ancêtres, les valeurs, la morale, l'expiation et les formes d'accès à la connaissance.

Un jour, au lieu d'aller voir un thérapeute, les gens perturbés ou à la recherche d'eux-mêmes rendront visite à leur théologien pour se pencher avec son aide sur les mystères auxquels ils se butent.

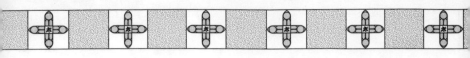

*P*ARFOIS, EN CHANTANT UN TEXTE SACRÉ, les moines modulent de façon très ornée une seule syllabe, qui peut s'étirer ainsi sur une cinquantaine de notes. Ils désignent cela par le mot « mélisme ».

Si nous transposions ce procédé mélodique dans une vie qui prendrait modèle sur le plain-chant, nous nous permettrions de nous arrêter sur une expérience, un lieu, une personne, un souvenir, pour laisser s'envoler notre imagination. Quand leur intérêt est sollicité par un objet privilégié, certains aiment méditer ou contempler en prenant leur essor comme sur un mélisme ; d'autres préfèrent dessiner, construire, peindre ou danser, quel que soit l'objet qui tombe sous leurs yeux.

Vivre les événements les uns après les autres est une forme particulière d'expérience qui peut être extraordinairement productive. Mais s'attarder sur un mélisme donne à l'âme sa raison d'être.

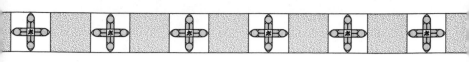

*L*E PREMIER OFFICE DANS LA JOURNÉE des moines est celui de matines. Le terme vient du mot latin désignant le matin, *matutine*, qui dériverait, selon le poète Lucrèce, du nom de la déesse de l'aurore, *Matuta*. Pendant des années je me suis levé à 5 h 15 le matin. Un confrère venait interrompre mes rêves en murmurant derrière ma porte close: «*Ave Maria*». Je vous salue, Marie. «*Gratia plena*», répondais-je, en y mettant souvent plus de mauvaise humeur que de bonne grâce.

Le lever matinal est une coutume solidement établie dans la tradition monacale. Toutes les fois que nous nous levons aux petites heures du matin, nous pouvons nous joindre au joyeux hommage que le moine rend à l'aurore. Alors que nous nous trouvons entre deux mondes, sur le seuil qui sépare le rêve de la vie, le sommeil de l'état de veille, l'obscurité de la clarté du soleil, nous trouvons un passage qui s'ouvre sur le spirituel et l'éternel.

Le moine aspire aux instants de plénitude spirituelle et prépare son cœur à leur envahissement.

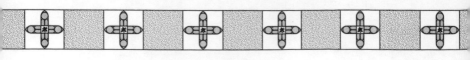

*P*OUR LE MOINE, LA CHASTETÉ, VÉCUE dans toute sa plénitude, est un état de vie. La chasteté n'en est pas moins une valeur accessible à tous, célibataires ou gens mariés. Être chaste, c'est ne pas consacrer tout son temps et toutes ses pensées à la poursuite du sexe. – La sexualité, de toute façon, ne peut s'épanouir quand elle est l'objet d'une telle fixation. – Être chaste, c'est pouvoir réserver une bonne partie de soi-même aux relations avec les gens, les lieux et les choses ; c'est aussi vivre son individualité propre avec assurance et maîtrise de soi.

Le moine doit découvrir son âme de laïc, comme le laïc son âme de moine.

La pureté acquise par le rite du lavement des mains est depuis longtemps considérée comme une préparation nécessaire à la visite de l'esprit. Une chasteté ainsi acquise peut bien ne durer qu'un fugitif instant ; il n'en faut pas plus pour laisser passer la grâce.

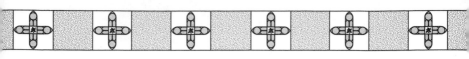

AU MONASTÈRE, NOUS NE DÎNIONS pas, nous nous «refaisions». Cette expression n'était pas vraiment en usage parmi nous, mais la salle dans laquelle nous mangions, avec ses grandes tables alignées le long des murs, s'appelait réfectoire. Le terme exprime l'idée qu'on se refait, qu'on se restaure en prenant un repas. Si on redonne au mot son sens étymologique, on constate que les laïcs se restaurent, se remettent en bon état au restaurant.

Néanmoins, le réfectoire avait un style propre quant au dîner et sa propre méthode de restauration. Presque tous les jours, nous mangions en silence. Je me demande si le silence qui s'empare parfois des gens attablés au restaurant ne serait pas attribuable à l'invasion fortuite de l'esprit plutôt qu'à un manque de sujets de conversation.

Assez souvent un frère lisait un livre sérieux à haute voix pendant que nous mangions. Nous nous restaurions l'esprit en même temps que le corps. Les cafés, les pâtisseries, les salons de thé permettent à la bonne vieille réfection monastique de survivre, car ces endroits se prêtent à la lecture pendant qu'on mange. On peut y satisfaire au besoin de nourrir sa pensée en même temps qu'on se sustente.

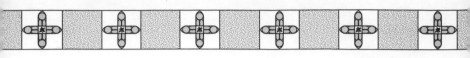

CROIS MOINES ÉTAIENT AGENOUIL-
lés dans la chapelle à cette heure obscure qui précède
l'aurore.

Le premier crut qu'il voyait l'image de Jésus descendre de
la croix et se tenir devant lui dans le vide. «Enfin, se dit-il,
je sais ce qu'est la contemplation.»

Le second sentit qu'il s'élevait au-dessus de sa place dans
le chœur. Puis il lui sembla planer au-dessus de ses confrères et circuler entre les poutres de la charpente du toit, avant
de revenir atterrir dans sa stalle. Il pensa: «J'ai été gratifié
d'un petit miracle mais, par humilité, je dois garder ça pour
moi.»

Le troisième sentit ses genoux devenir de plus en plus
douloureux et ses jambes faiblir. Après avoir vagabondé
pendant un bon moment, son esprit s'arrêta sur l'image
d'un succulent hamburger garni d'oignons et de cornichons.

«J'ai beau essayer de toutes mes forces, dit l'assistant du
diable à son maître, il ne semble pas du tout que je réussisse
à tenter ce troisième moine.»

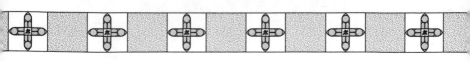

*P*ARCE QU'ILS FONT APPEL À L'INTUITION, les arts permettent à l'imagination d'enrichir la vie spirituelle, ils réduisent ainsi la tendance à formuler des règles et à dogmatiser. L'architecture monastique, unique en son genre et d'abord ordonnée aux valeurs de l'âme, est essentiellement liée à la vie spirituelle. Elle n'est absolument pas un élément accessoire.

Chaque demeure est, à sa façon, un monastère. C'est là, il faut l'espérer, qu'on peut trouver la solitude, la vie communautaire, la beauté, un coin de nature, un lieu où prier, une table où manger. C'est là que l'esprit peut se nourrir et que le corps peut jouir le plus souvent des multiples plaisirs qui font le charme de la vie.

Lorsqu'on envisage de se construire une demeure, de la rénover, de la remeubler, on aurait tout à gagner à étudier les plans, les croquis et les photographies des grands monastères que nous a légués le passé.

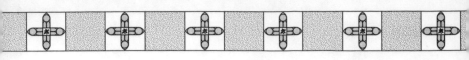

*L*A VIE DES MOINES NOUS APPARAÎT extraordinaire mais, à la vérité, elle n'est exceptionnelle qu'en ce qu'elle a de tout à fait ordinaire.

Pendant des années, j'ai dirigé mes confrères dans l'exécution du chant grégorien. Cette musique peut paraître simple, mais elle exigeait des répétitions quotidiennes. Nous n'avions pas recours aux auditions pour recruter les choristes. Notre chœur était formé de ceux qui se trouvaient à vivre au monastère. Quelques-uns n'avaient absolument pas d'oreille. La voix de certaines basses oscillait perpétuellement entre le demi-ton au-dessous et le demi-ton au-dessus de la note juste. Dans le registre supérieur, la voix de quelques ténors avait tendance à craquer ou à s'érailler. Chacun avait une idée différente du tempo qu'il fallait adopter pour exécuter telle ou telle pièce.

Malgré tout, notre chant était très beau. J'ai tiré une leçon fondamentale de cette expérience : on peut obtenir des résultats extraordinaires avec des talents médiocres.

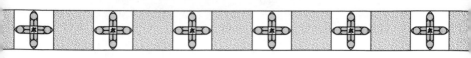

_L_E MOINE S'ADONNE À LA LECTURE spirituelle. Pour lui, le livre n'est pas une source d'information, mais un moyen de prier. Qu'en serait-il si toute lecture était pour nous prière, si chaque livre devenait Écriture, qu'il s'agisse de science, de fiction ou de théologie ? Notre esprit pourrait alors renoncer à une part de l'autorité et de l'influence qu'il tient à exercer, ce qui permettrait à notre cœur, à notre âme de trouver leur nourriture.

Les moines parlaient du monde comme d'un livre, *liber mundi*. Comment peut-on étudier le monde sans vouloir y trouver de l'information ? C'est là le secret des moines.

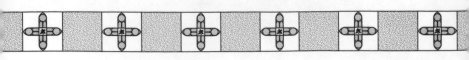

E QUE J'AIME PARTICULIÈREMENT DANS l'image du moine, c'est qu'il n'est jamais à sa place. Je garde le souvenir d'un prêtre de notre communauté qui était extrêmement brillant et aussi très amusant. Il souffrait du dos et devait souvent porter un coussin chauffant. Un jour, tandis que nous chantions les vêpres, mon regard s'est porté sur les stalles en face de moi et je l'ai aperçu, debout, avec un fil qui sortait de son capuchon et allait rejoindre une prise de courant dans le mur. Le Moine électrique : beau titre de film !

L'aspect incongru d'un moine branché sur l'électricité ou d'une sœur au guichet automatique d'une banque nous apprend quelque chose au sujet de la vie religieuse. Elle sera toujours un anachronisme, parce que l'éternité est mal accordée au temps ordinaire réglé sur le calendrier. Cela nous porte à croire que, toutes les fois que nous avons l'impression d'appartenir à un autre siècle ou d'être incapables de suivre le courant de la vie moderne, c'est le moine en nous qui se réveille. Son esprit devrait être cultivé plutôt que combattu.

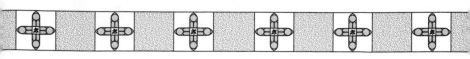

*L*E DALAÏ-LAMA A CONFIÉ LES SOU-
venirs qu'il a gardés de ses contacts avec Thomas Merton.
Avant de parler de la façon dont ils envisageaient l'instau-
ration de la paix dans le monde, le souverain tibétain rap-
porte avoir pris chez le moine américain l'idée de porter une
large ceinture plutôt qu'une mince cordelette autour de sa
taille. Imaginez les deux hommes comparant avec gravité la
notion bouddhiste de compassion avec le concept chrétien
de charité, alors que le grand lama ne cessait d'examiner
avec envie la ceinture du moine avant de finir par en porter
une semblable.

Cette anecdote offre un exemple peu commun d'ouverture d'esprit chez le chef religieux. Celui-ci se montrait capa-
ble de vivre dans un monde multidimensionnel en gardant
un œil sur le cosmos et l'autre sur une ceinture, permettant
ainsi que se réalise la parfaite réconciliation du temps et de
l'éternité.

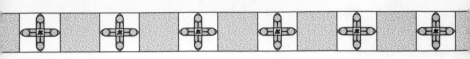

*L*ES PLANS D'UN MONASTÈRE PRÉ-
voient toujours l'aménagement d'une chapelle. Dans la vie
du moine, le temps consacré à la vie spirituelle occupe une
place prédominante : liturgie eucharistique, méditation,
Office divin, prière. C'est pourquoi le lieu prévu pour ces
activités occupe un espace privilégié dans l'architecture
monastique.

Tous nos édifices séculiers – habitations, centres civiques,
complexes administratifs, centres commerciaux, usines –
pourraient aussi accorder droit de cité à la spiritualité. L'aménagement d'une chapelle, ne serait-ce qu'une pièce toute
simple, exclusivement réservée aux besoins de l'âme, équi-
vaudrait à reconnaître que la spiritualité est un élément capi-
tal de la vie.

Quel changement d'attitude serait requis chez nos archi-
tectes s'ils devaient considérer la chapelle comme une absolue nécessité dans n'importe quel projet de construction !

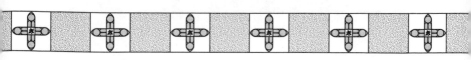

AU XIIᵉ SIÈCLE, JOACHIM DE FLORE créa une commotion avec sa théologie ou sa philosophie du temps. Selon lui, il y aurait un âge du Père, celui de la Loi ; un âge du Fils, celui de la Foi ; et un âge de l'Esprit, celui de l'universalisation de l'esprit monastique. La lecture de Joachim m'incite à penser qu'il y a trois étapes non seulement dans l'histoire de l'humanité, mais aussi dans la vie de chaque personne. Durant les premières années, on se laisse guider, on apprend, donc on obéit. Plus tard, on découvre les institutions qui viennent combler ses besoins, que ce soit l'Église, une école de pensée ou encore le mariage. Finalement, chacun opère la synthèse des deux premiers âges et en vit les réalités selon un mode plus raffiné, une forme moins littérale. Les aspects se rattachant aux deux premiers stades valent toujours, mais ils s'imposent de façon plus discrète.

Aux groupes religieux fondés explicitement en vue d'une vie communautaire, je préfère l'attitude ouverte qui peut amener chacun à vivre en tenant compte de la communauté. Nous, qui ne sommes pas moines, pouvons considérer l'engagement communautaire comme le prolongement de notre vie privée. Le moine authentique sait que l'épanouissement individuel qu'il cherche ne peut se réaliser que dans un respect constant des valeurs communautaires.

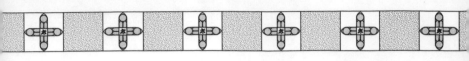

*F*RÈRE PHILIPPE CUISAIT LE PAIN DANS LES cuisines, ainsi qu'il l'avait fait durant toute sa vie de frère et de boulanger. Le jour précédent, il avait confessé à son directeur spirituel sa propension à la colère, spécialement à l'endroit de ses confrères. Celui-ci lui avait conseillé de brasser ses pensées noires pendant qu'il pétrissait le pain et de les faire cuire ensuite dans les feux sacrés du four communautaire.

Ainsi, frère Philippe fit réapparaître tous les griefs qu'il avait accumulés au fond de sa mémoire et les intégra vigoureusement à sa pâte. Il pétrissait, retournait, se remémorait, puis pétrissait encore. Il mit la pâte de côté dans un endroit chaud pour qu'elle lève et il y revint plus tard pour la marteler avec une force inhabituelle. Finalement, il mit la pâte bien travaillée au four et fit pour la première fois depuis des années un somme vraiment reposant.

Dans l'obscurité du vaste four, le pain commença à lever. Il leva et leva encore. Un passant intrigué se demanda pourquoi les fenêtres du monastère semblaient recouvertes de rideaux couleur d'avoine. À la fin de la journée, le monastère entier avait disparu dans le pain. Avec le temps, la pâte finit par se pétrifier et, beaucoup plus tard, une autre génération de moines se tenait au pied de la montagne et chantait : « Tu es Pierre, et sur cette pierre je bâtirai mon Église. »

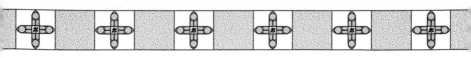

*P*OUR LE MOINE, LE TRAVAIL EST PRIÈRE, LA lecture est contemplation et l'obéissance est soumission à la volonté de Dieu ; le temps est pour moitié réglé par le rituel, le célibat est un préalable nécessaire à l'apostolat dans le monde et la communauté donne un avant-goût du ciel. Les détails ordinaires de la vie sont toujours évalués à travers le filtre du sacré.

Pour la sensibilité moderne devenue tellement profane, il peut paraître bizarre de vouloir considérer semblable sacralisation de notre vie à tous. Pourtant, nous sommes condamnés à une vie sans âme si notre expérience quotidienne ne jouit pas d'une ouverture sur le sacré. L'âme appelle le sacré. Nous n'avons pas à entrer au monastère, mais nous pouvons apprendre des moines comment introduire la couleur et la saveur de l'esprit monastique dans la vie moderne.

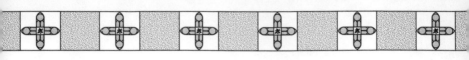

*L*A VIE DU MOINE, ENVISAGÉE DE façon sentimentale, peut facilement être mal comprise. C'est une vie difficile qui exige qu'on soit attentif à ses pensées et très sensible aux mouvements de son âme. D'un autre côté, la présence quotidienne des autres membres de la communauté peut se révéler fort éprouvante. Dans la vie séculière moderne, il peut sembler qu'on se réalise dans l'héroïsme dont il faut faire preuve pour survivre et réussir. Dans la vie monastique, qui n'a rien d'héroïque, le défi vient de cette intimité avec soi-même, avec les autres et avec le monde.

Le travail de l'âme est l'occupation première du moine. Quand je faisais partie d'une communauté religieuse, j'entendais souvent répéter que la simple présence d'un prieuré dans une localité constituait un atout pour la région. Sans monastère dans le voisinage, on peut fort bien ignorer que la vie des moines et leur enseignement reposent sur une conception du monde centrée sur l'âme. Comme eux, nous avons pour tâche de découvrir comment insuffler un peu d'âme dans une vie essentiellement séculière et comment cultiver l'intimité plutôt que de rechercher les grandes réalisations.

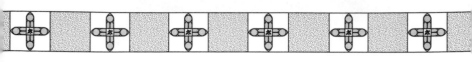

L'ÉTUDE OCCUPE UNE PLACE IMPOR-
tante dans la vie d'un grand nombre de contemplatifs. Tout
le monde a en tête cette image stéréotypée du moine qui lit
en silence dans la bibliothèque. Traditionnellement, les historiens associent la vie monastique à la lecture, à l'écriture et
à la publication de livres. Pourtant, dans la vie moderne, le
savoir est généralement considéré comme une ambition
séculière, alors que les moines nous montrent que l'étude
peut être une activité d'ordre spirituel.

Trop de gens étudient pour obtenir des diplômes et des
titres universitaires. Ils imaginent difficilement qu'on puisse
poursuivre des études à seule fin de se cultiver. Et pourtant,
être cultivé ne se réduit pas à être informé ou formé. Cela
signifie plutôt, pour chacun, que son propre génie, son intelligence, sa nature et son cœur ont eu l'occasion de s'épanouir. L'étude vise à nous révéler notre vraie personnalité, à
développer nos propres capacités et à faire éclore nos possi-
bilités jusque-là cachées. Voilà autant de buts poursuivis par
l'étude en ce qui touche la personne même. À un autre
point de vue, l'étude affine notre perception du monde en
même temps qu'elle nous le rend plus concrètement présent.

La culture de l'âme nous révèle un univers encore plus
beau et permet une croissance harmonieuse du moi.

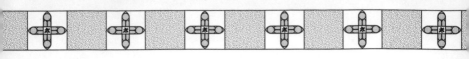

$\mathcal{P}$ARMI LES EXPÉRIENCES MÉMORABLES que j'ai pu vivre depuis que j'ai quitté l'ordre des Servites, il en est une qui m'est tout particulièrement chère. Alors que j'allais prononcer un sermon dominical à la cathédrale St. John the Divine, j'ai marché en procession à côté de Dean Morton. Je me suis alors rappelé un grand nombre de processions auxquelles j'avais participé à l'époque où je vivais dans un prieuré.

La procession est une forme rituelle de la marche. Au monastère, nous avancions en procession à certaines occasions solennelles, ou au réfectoire lors de repas de fête. Une fois par année, aux Rogations, nous chantions les litanies des saints en défilant dans les jardins et les champs, pour attirer la bénédiction céleste sur les produits de la terre.

La procession est une cérémonie qui fait partie de la vie des moines, mais elle a ses équivalents dans la vie séculière. Une famille peut se rendre en procession à la salle à manger un jour de fête ou lors d'une occasion spéciale. Dans les bons restaurants, vous serez conduit à votre table par le maître d'hôtel, qui marche alors en tête du cortège. La procession invite les esprits à communier à l'occasion d'un événement particulier et elle fait du lieu de rassemblement le terme béni d'une déambulation à caractère sacré.

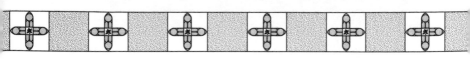

*L*ES MOINES PASSENT UNE BONNE PARTIE de leur temps à méditer. La méditation ouvre d'innombrables voies qui permettent de quitter l'«ici» et le «maintenant» pour atteindre ce qui a valeur d'éternité. La méditation peut ne durer que quelques secondes, le temps de regarder par sa fenêtre un pic martelant l'écorce d'un arbre.

Karl Kerényi, le pénétrant spécialiste des religions, considère le cérémonial religieux comme une interpellation. Tout ce qui nous interpelle nous invite à la méditation. Je suis interpellé par la partita de Bach que je joue au piano, ou par la Vénus de Lucas Cranach. Je me mets en situation d'être interpellé quand je me retrouve sur le sable mouillé d'une plage, un appareil photo dans les mains, ou quand je prie les muses de m'inspirer les vers que je voudrais écrire.

Je me demande si la personne interpellée par un policier ne reçoit pas une invitation à méditer. Le moine et le délinquant auraient peut-être ainsi un lien de parenté...

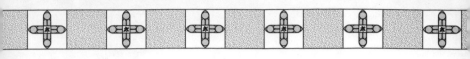

CHAQUE FOIS QUE JE REVOIS UN VIEUX prêtre ou un vieux frère que j'ai connu alors qu'il était dans la force de l'âge, je suis toujours étonné de constater que, même s'il est parvenu à un âge avancé, ce religieux mène la même vie qu'il y a trente ans. Dans l'univers séculier, les gens essaient de s'adapter à des changements extérieurs assez importants. Ils réussissent ou ils échouent. Leurs gestes s'inscrivent dans une continuité historique mesurable, tandis que le quotidien du moine semble figé dans un éternel présent.

C'est comme si l'expérience intemporelle de l'âme, que le moine vit à l'abri de ses murs, déteignait sur sa vie et sa personne, tandis que la plupart d'entre nous sommes touchés par les métamorphoses du temps.

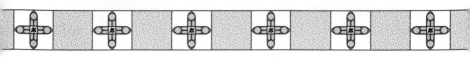

*P*RIER, C'EST SCRUTER LE CIEL POUR Y DÉceler la fissure qui permet aux anges de passer et, à Dieu, de nous observer. La prière équivaut à l'ouverture dans le dôme du Panthéon de Rome, au trou sur la tête du Hopi en prière, à la clairière au milieu d'une forêt très dense ou à la fontanelle d'un bébé.

Ou bien, si on emprunte une autre direction, c'est Dante qui découvre le passage menant à la sombre forêt des Enfers; ce sont les saintes femmes devant la porte ouverte du tombeau de Jésus; c'est Orphée, jouant de sa lyre, sur la voie qui le conduira jusqu'à Eurydice; ce sont les grenouilles d'Aristophane chantant leurs mantras inspirés par le monde inférieur.

Parfois, c'est un abri aménagé dans les tranchées d'un champ de bataille, qu'il s'agisse de véritables hostilités ou des combats ordinaires de la vie. Cette ouverture peut être liée au désespoir, marquée par la peur ou bien engendrée par l'ignorance ou le hasard. Par exemple, le cancer ouvre la voie à la prière; c'est un trou noir à travers lequel Dieu observe sa créature et l'être humain découvre l'infini.

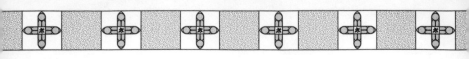

L'ARC ROMAN, TELLEMENT LIÉ DANS nos esprits à l'architecture monastique, est porteur d'éternité. Nous, qui appartenons au monde séculier, franchissons quotidiennement des portails parfaitement rectilignes. Le moine, quant à lui, circule constamment entre la terre et le ciel – coupole immuable sous laquelle nous vivons tous. Le monastère est un microcosme, l'arc un dôme à deux dimensions et le dôme lui-même un rappel constant des cieux.

La vie moderne a oublié la signification du dôme. Elle nous enseigne, de façon toute séculière, que le ciel se prolonge indéfiniment dans l'espace. Pour faire échec au vide d'un espace infini et au vide de tout ce qui nous entoure dans notre vie terrestre, nous devrions souvent reconstruire le dôme dans notre univers imaginaire. Ce serait un moyen de restaurer l'univers du moine et l'architecture qui y correspond.

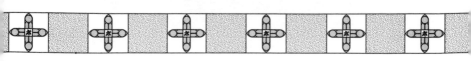

*L*A RELATION DES MOINES AVEC LA nature est essentielle à leur vie. Cette relation n'est pas fondamentalement esthétique, environnementale, naturaliste ou agricole, mais elle n'est jamais sentimentale. Le moine sait que, sans une intime et constante relation avec la nature, la divinité n'est pas totalement révélée.

Un monastère construit au bord de la mer, au sommet d'une montagne ou sur une étendue de terre cultivable est déjà le signe d'une révélation. Sans une connaissance de la nature, nous ne pouvons savoir qui nous sommes, ni ce que nous devons faire. La nature nous modèle tout autant que nous la modelons nous-mêmes, et c'est dans cet échange mutuel qu'ensemble se réalisent la nature et l'homme.

À chaque période de grands changements technologiques, l'influence autrefois déterminante de la nature sur l'organisation de la vie humaine semble reculer. Néanmoins, elle affirme toujours sa puissance grâce à sa beauté ou à sa force dévastatrice; mais l'homme semble avoir engagé contre elle un combat à finir tantôt défensif, tantôt offensif.

De son côté, le moine vise à se rapprocher de la nature, et son effort est soutenu par une théologie de la création, par la prière et par les diverses formes du culte. Il mène son combat, lui aussi, mais dans l'humble routine de son travail quotidien.

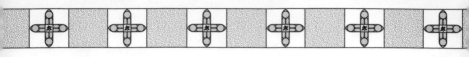

*I*L M'EST ARRIVÉ DE TROUVER, DANS LA BIbliothèque d'un monastère, les *Opera Platonis* dans la section de la musique. Le bibliothécaire ou bien ignorait le latin, ou bien connaissait le Timée. C'est en effet dans ce dialogue que Platon explique comment le Démiurge a créé les orbites planétaires selon les proportions de l'échelle musicale.

Plusieurs philosophes du Moyen Âge enseignaient que la vie est essentiellement musicale et qu'il faut donc une véritable sensibilité musicale pour s'adonner à une réflexion philosophique sur la nature des choses. Pour le philosophe musicien, la beauté est plus convaincante que la vérité ; le chant est plus expressif que le syllogisme ; l'émotion produite par la seule présence d'un objet a plus de signification que sa compréhension.

Les anges sont les seuls musiciens à pouvoir jouer cette musique, et les moines sont les seuls à pouvoir l'entendre.

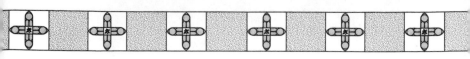

UJOURD'HUI, QUAND JE PENSE À un moine, je ne me représente pas un moine catholique, pas plus qu'un moine chrétien, bouddhiste ou zen, et je ne vois pas plus un homme qu'une femme. J'imagine le moine comme l'esprit qui a engendré la vie monastique et qui inspire encore aujourd'hui à un petit nombre de s'engager dans cette voie. Le moine qui retient premièrement mon attention est la personnification de la profonde inspiration créatrice qui pousse hommes et femmes à faire l'expérience des vertus et des styles de vie dont les moines de toute tradition donnent un commun témoignage.

Nous avons pour tâche de reconnaître ce moine, quand son esprit se manifeste, et de trouver une façon personnelle de l'incarner.

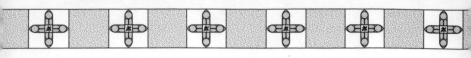

LE SILENCE N'EST PAS L'ABSENCE DE TOUT son perceptible. C'est là une conception négative. Le silence étouffe les bruits parasites du dehors et du dedans qui non seulement frappent nos oreilles, mais retiennent aussi notre attention. Le silence nous permet de percevoir plusieurs sons qui autrement nous échapperaient : le chant des oiseaux, le murmure de l'eau, le vent dans les arbres, le coassement des grenouilles et le bourdonnement des insectes. Il nous permet aussi d'entendre notre voix intérieure et de prendre conscience de nos rêves éveillés, de nos intuitions, de nos inhibitions et de nos désirs secrets.

On ne cultive pas le silence en forçant ses oreilles à ne rien entendre, mais en prêtant l'oreille aux chants du monde et de l'âme.

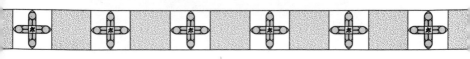

*T*OUS LES TERMES CLASSIQUES QU'ON associe à la prière sont appropriés : requête, louange, adoration, communion, conversation. Mais l'idée qu'on se fait de Dieu, de la divinité et du mystère suprême doit être suffisamment large pour que la prière ne devienne pas une vulgaire exploitation du surnaturel.

La prière n'a de sens que dans le face-à-face paradoxal qui met en présence, d'une part, la misère et les aspirations humaines et, d'autre part, le caractère infini de la divinité.

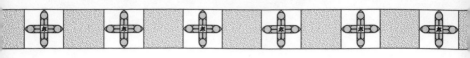

OMME TOUT LE MONDE SAIT, LA CATHÉ-
drale Saint-Régianus possédait une rosace magique qui, à un
jour déterminé de l'année, laissait tomber un rayon de
lumière sur une pierre du pavement de la nef, un rayon si
lumineux, si chaud, si puissant que la pierre avait alors la
vertu, croyait-on, de guérir les maladies causées par
n'importe quel facteur mystérieux, interne ou externe, qu'il
s'agît d'une humeur noire, d'un ténébreux ennemi, d'une
infection inconnue ou d'une indisposition mal identifiée.

Un certain après-midi, alors qu'il n'y avait personne
dans l'église, le sacristain apporta son seau d'eau jusqu'à la
pierre qui réfléchissait le rayon et y appliqua un détergent
d'une force extraordinaire, puis une huile utilisée seulement
pour les objets du culte, et la polit avec un carré de chamois
soigneusement choisi. Quand la pierre fut débarrassée de la
poussière et de la saleté qui y adhéraient encore et eut retrouvé son éclat, le sacristain sentit un fourmillement au
bras droit. Il releva sa manche et vit son bras briller d'un
éclat surnaturel, puis se dessécher soudain.

L'évêque convoqua le sacristain en audience :

– Dis-moi, lui demanda-t-il du haut de son autorité,
crois-tu qu'il s'agisse d'un miracle ?

– La pierre est censée guérir, non pas causer du tort,
répondit le sacristain d'une voix humble. Je ne dirais pas que
c'est un miracle.

Après cet incident, les autorités décidèrent de laisser la
pierre s'encrasser et la fenêtre perdre sa luminosité. Elles se
méfiaient maintenant de la facilité avec laquelle on pouvait
passer, avec les mystères, du miracle à la catastrophe.

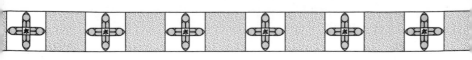

OUS AVIONS AU MONASTÈRE UNE pratique appelée coulpe (du latin culpa, faute). Les religieux se réunissaient à la chapelle, en présence du prieur assis devant l'assemblée, et un certain nombre de prêtres, de frères et d'aspirants dont c'était le tour ce jour-là s'avançaient, s'allongeaient face au sol, baisaient leur scapulaire, se relevaient et s'accusaient d'une faute, d'une action quelconque qui pouvait avoir violé les règles ou troublé l'ordre de la communauté.

Le besoin de confesser ses fautes est caractéristique de la vie spirituelle. La confession, à mon avis, refrène plutôt qu'elle n'encourage l'inclination au remords masochiste et au sentiment d'être une victime. Elle exorcise le remords, qui est un sentiment bien plus ravageur que le regret. Elle garde l'âme intacte; elle ne la laisse pas s'abandonner à ses inclinations destructrices ou se livrer de façon morbide à l'autocondamnation.

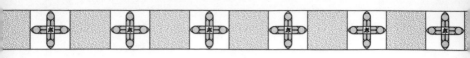

AU MONASTÈRE, LA COUTUME ÉTAIT de porter l'habit religieux. J'ai été vêtu de noir pendant douze ans : une longue tunique ajustée à la taille par une large ceinture ; le scapulaire, longue bande de tissu qui pendait devant et derrière, et le capuchon. Suspendu à la ceinture, le chapelet propre à notre ordre : sept séries de sept grains correspondant aux douleurs que Marie avait endurées comme mère de Jésus.

Marsilio Ficino, mon guide de la Renaissance italienne en matière de magie, enseignait qu'il faudrait choisir les couleurs de ses vêtements non pas en fonction de ses goûts ou du hasard, mais plutôt pour leur effet spirituel. Pour lui, certaines couleurs ont pour vertu d'attirer une forme particulière d'esprit.

Qu'est-ce que mon costume noir m'a apporté durant toutes ces années ? Probablement le goût pour une certaine sobriété. Un Anglais a déjà remarqué le groupe noir que nous formions, quelques-uns de mes confrères et moi. « Qui êtes-vous ? nous a-t-il demandé. Vous avez l'air plutôt sinistre. »

Le noir évoque aussi l'éternité, comme le font les cavernes profondes, ou encore la retraite que cherchent les personnes mélancoliques. Il n'est pas inutile de rappeler ici que, selon l'étymologie, les mélancoliques ont l'humeur noire. Quelle que soit notre disposition, porter un costume de façon régulière aide à prendre ses distances par rapport au monde.

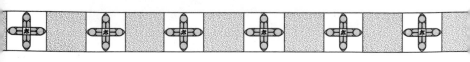

*L*E CAPUCHON QUI COMPLÉTAIT MON habit religieux n'avait pas pour but de garder mes oreilles au chaud. Il n'était pas non plus un simple vestige du costume communément porté à l'époque où florissait la vie monastique. C'était plutôt une pièce de vêtement ordonnée à un rite qui consistait à se couvrir la tête en signe de retraite.

Les athlètes, qui sont des moines à leur propre façon, portent des capuchons. On voit de même des capuchons élégants attachés aux manteaux, aux capes et aux chandails dernier cri. Le monachisme revit dans les sports et la mode...

Le capuchon, commodément fixé à la base de notre cou, est prêt à être rabattu sur notre tête quand l'esprit du moine nous envahit inopinément et nous invite à la contemplation.

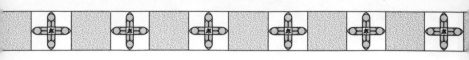

ᴸES LITANIES, QUE CHANTENT SOUVENT
les moines dans les occasions spéciales, sont une forme de
poésie religieuse dotée d'un pouvoir hypnotique particulier.
Te rogamus audi nos, supplient les moines alors qu'ils invoquent une longue liste de saints. Nous vous en prions, écoutez-nous.

Il m'arrive fréquemment de penser aux nombreux hommes et femmes avec qui j'ai été en contact au cours de ma
vie. Ils constituent pour moi la litanie du souvenir, celle des
noms qui évoquent l'amitié, l'affection, la tendresse ou
même la crainte respectueuse. *Te rogamus audi nos.* Écoutez-
moi, chers grands-parents, qui m'avez tellement donné de
votre cœur. Écoutez-moi, mes amis, qui m'avez accompagné
au cours des années les plus insouciantes et les plus irresponsables de ma vie. Écoutez-moi, vénérables ancêtres, dont les
écrits et les œuvres d'art m'ont formé. Écoutez-moi, anciens
objets de ma flamme amoureuse, qui avez ensuite souffert
de mon rejet et de ma froideur.

Seul un nombre limité de noms peut figurer dans notre
litanie. Aussi chantons-nous ces noms comme ceux de
saints chéris qui ont charmé et embelli notre vie.

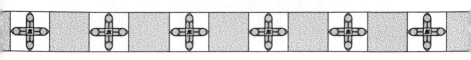

Aux YEUX DU PROFANE, LE JARDIN d'un monastère représente un endroit romantique et sentimental propice à une vie spirituelle harmonieuse. Pour le moine de l'autre côté du mur, le jardin est plutôt le cadre dans lequel il lutte contre ses tourments intérieurs. C'est là que l'assaillent ses désirs, ses passions et ses doutes.

Les jardins clos de nos demeures, avec leurs treillages, leurs murets et leurs petits sentiers ombragés, peuvent donner asile au moine serein comme au moine tourmenté que nous sommes parfois. L'âme semble y retrouver le reflet extérieur de ses états profonds. Le dialogue entre le dedans et le dehors devient de cette manière l'essence même d'un rite.

Aménager des jardins est une façon monacale de s'occuper de son âme.

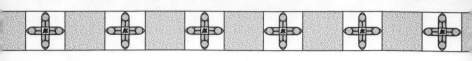

*L*ES MOINES SE CONSACRENT À LA VIE
«contemplative». Selon une lointaine étymologie, le mot
contemplation s'appliquerait à l'effort déployé pour creuser
l'espace donnant accès à ce qui est secret et caché. Chaque
fois qu'il se livre à la contemplation, le moine se dote, dans
l'esprit, l'imagination et le cœur, d'un temple intérieur où il
peut observer les signes de la divine providence.

Le travail de la vie spirituelle inclut la construction de ces
temples intérieurs, la création en soi de temenos, d'espaces
réservés à un usage sacré, comme chez les Grecs de l'Anti-
quité. À mesure que ce travail progresse, chaque chose
prend sa place dans son temenos. Comme le dit Emerson,
tout devient signe.

La contemplation, qui est le premier devoir du moine,
crée un vide nécessaire dans toute chose, dans tout instant
et dans tout événement. Ces espaces libres, portant le signe
du sacré, invitent l'âme à se manifester en lui réservant un
endroit où habiter.

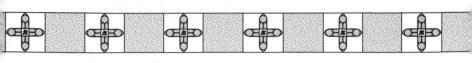

L'oiseau plane au-delà de l'espace intime
d'où jaillit la forme des choses.
Dans l'infini, tu serais dépossédé de toi-même
pour toujours.
L'espace se construit entre nous et l'objet
que nous contemplons.
Pour donner à l'arbre sa réalité, crée de l'espace
autour de lui à partir du pur espace qui est en toi.
Efforce-toi d'enclore sagement cet espace :
sans toi, point de limites pour lui.
Grâce à la contrainte et à ton renoncement, l'arbre
se déploiera et sera vraiment arbre.

Rainer Maria Rilke

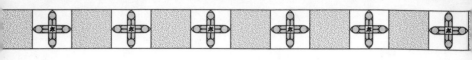

DIEU EST EN MÊME TEMPS AU-DELÀ ET AU centre de notre vie, dit Bonhoeffer. Le moine fait en sorte de vivre cet éloignement et cette proximité avec une grâce et une beauté particulières. La beauté surgit quand la vie, ouverte sur l'au-delà, reste collée à la réalité, ou encore quand la vie, intensément ancrée dans l'immédiat, cultive l'au-delà.

Assez curieusement, dans la plénitude de la vie communautaire, le moine se met à l'écart de la culture et de la vie. Il se retire pour mieux s'engager.

Les gens ordinaires ont aussi besoin de se replier quotidiennement sur eux-mêmes pour participer davantage à la vie familiale, communautaire, sociale. Pour y arriver, ils doivent remonter leur capuchon, manger en silence, lire pour mieux se concentrer, prier sans dessein particulier, chanter.

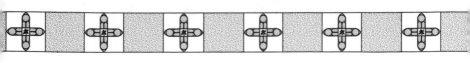

MA COMMUNAUTÉ FAISAIT AUTREFOIS partie de ces ordres mendiants qui quêtaient et vivaient d'aumônes. Aujourd'hui, la mendicité est une action honteuse pour les gens de la classe moyenne, un scandale pour ceux qui croient que chacun peut et devrait travailler pour gagner sa vie. L'itinérant installé au bord de la rue se fait regarder de travers et subit la réprobation collective.

Pourtant, les entreprises les plus nobles s'appuient sur la générosité du public : la radio et la télévision à mission culturelle, les organismes de charité, les programmes d'aide aux déshérités et aux handicapés, le combat contre le cancer et les maladies du cœur, les centres de réhabilitation sociale. Même aujourd'hui, beaucoup de gens qui embrassent des carrières intéressantes et dynamiques deviennent à toutes fins utiles des mendiants.

Si nous ne sommes pas d'une certaine façon des mendiants, nous pouvons nous demander si notre vie a quelque dimension spirituelle.

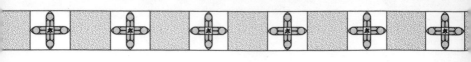

QUELLE EST LA DIFFÉRENCE ENTRE UN manuscrit enluminé et la page fraîchement sortie d'un ordinateur moderne ?

La page imprimée, éminemment lisible, rapidement produite, possiblement fort belle, est le résultat du travail combiné de l'homme et de l'ordinateur. De son côté, la riche enluminure orne une page qui n'est pas plus lisible qu'il ne le faut, bien qu'elle ait été écrite avec soin par un scripteur solitaire. Le moine utilise sa main, toujours proche de l'encrier, fait attention que sa plume ne dérape point et médite pendant qu'il travaille.

Existe-t-il un moyen de transmettre l'esprit du moine à l'ordinateur et, pourquoi pas, à toute machine sans courir le risque de tomber dans l'anachronisme ?

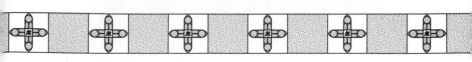

LA BIBLIOTHÈQUE EST SOUVENT L'EN-
droit où l'on peut trouver l'esprit du moine : le silence,
l'éclat des boiseries anciennes, l'odeur du vieux papier, l'iso-
lement, la coutume et les sources autorisées, la tradition, la
culture, les livres où s'exprime la sagesse, les catalogues dont
la simple consultation ouvre la voie à la méditation.

Maintenant qu'on est à construire l'autoroute électroni-
que, les moines qui avaient fait de la bibliothèque leur
séjour de prédilection se retrouvent à la rue, où ils ne se sen-
tiront jamais chez eux. Quelle direction prendront-ils ?

Une bibliothèque familiale, même si elle se réduit à cinq
livres posés sur une étagère de bois verni, pourrait fournir au
moine un refuge et combler les besoins de l'âme de tous
ceux qui vivent dans la demeure qui l'abrite.

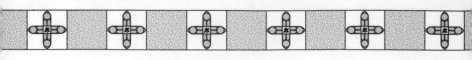

LE SAINT EST UNE PERSONNE BÉNIE QUI nous donne l'exemple d'une vie entièrement ordonnée aux choses de l'âme. Certains saints sont provocants, d'autres invraisemblables. Certains vivent si près du surnaturel qu'ils ont la réputation d'opérer des miracles, de faire des choses qui échappent aux limites étroites d'une vision temporelle, purement naturelle de la vie.

J'ai connu quelques saints au cours de ma vie, et je jouis toujours du plaisir d'en côtoyer encore. Ce ne sont pas des saints parfaits mais, à cause de leur familiarité avec le surnaturel, ils bénéficient d'un pouvoir spécial. Les connaître est une grâce en soi.

Il faut rechercher la compagnie des saints et croire en eux même lorsque cela nous paraît presque impossible. Il faut aussi chérir leur mémoire, vénérer leur histoire et leur accorder notre dévotion.

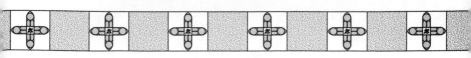

AU MONASTÈRE, LE TEMPS EST SOIgneusement mesuré. Dans la vie laïque, on ne se fait pas scrupule de laisser une action nous mener à une autre et de consacrer à chacune tout le temps qu'il faut. Mais, au monastère, on dispose de quinze minutes pour lire, de deux heures pour étudier; il y a des temps déterminés pour la prière et la méditation et, ici et là, des périodes de récréation qui durent ordinairement moins d'une heure.

Il ne sert à rien de se préoccuper moralement de tout le temps qu'on peut perdre. Le temps perdu est habituellement utile à l'âme. Mais il y a quelque chose de particulièrement fécond dans une vie régulière, dans une conception du temps où la régularité – les moines, il convient de le noter, appartiennent au clergé régulier – n'est pas une prison mais une libération.

Le caractère rituel des temps prédéterminés nous libère de l'obligation de faire constamment usage de notre libre arbitre.

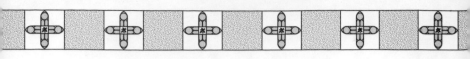

*I*L Y A UNE DIFFÉRENCE CONSIDÉRABLE entre une pratique traditionnelle de spiritualité et sa version moderne fraîchement inventée pour le «nouvel âge». Les rites et les symboles légués par la tradition émergent d'un brouillard historique se rattachant à la mythologie plutôt qu'aux annales. Il s'y amoncelle de nombreuses couches de faits, de commentaires et d'interprétations, de sorte que la littérature sacrée devient authentique poésie. Cette richesse inépuisable dépasse de loin les règles et les recettes qu'une personne peut vouloir inventer en vue de son progrès spirituel.

On confond souvent tradition et institution. Nous devrions pouvoir recueillir l'héritage des innombrables générations qui nous ont précédés sans nous laisser écraser par les paroles et les structures qu'elles nous ont transmises. Il est possible d'appartenir à une institution sans renoncer à son intelligence, à sa capacité de penser et de choisir.

La tradition est un réservoir inépuisable qui nourrit l'imagination et elle ne doit pas servir de fondement à l'autorité.

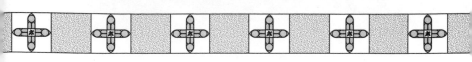

LA PERSONNE QUI EXERCE UNE AUTO-
rité religieuse ou spirituelle se trouve dans une position dangereuse, semée de pièges. Les groupes religieux ont une tendance naturelle à penser en termes de hiérarchie et d'autorité. Leurs chefs expriment trop souvent leurs pensées comme s'il s'agissait de vérités absolues et ils sont en mesure, à cause du pouvoir dont ils sont investis, d'exercer une lourde influence sur les personnes qui dépendent d'eux.

Il faut donc aux supérieurs religieux une sagesse hors du commun pour ne pas se laisser intoxiquer par le pouvoir et ne pas l'exercer de façon dominatrice. Ils ont besoin comme tout le monde d'autodiscipline en matière spirituelle. Si nous, les «sujets», prenons des décisions intelligentes et cherchons à nous cultiver, le supérieur peut de son côté offrir orientation et encadrement. Mais dès l'instant où nous déposons trop de pouvoir dans les mains de nos chefs, nous devenons des victimes et eux, nos tourmenteurs. L'esprit religieux, qui a besoin de structures extérieures fortes et dynamiques, est étouffé par les formes institutionnelles creuses. Les règles remplacent alors la sagesse.

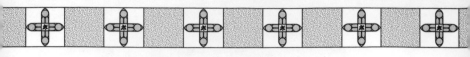

Croire à une fiction qu'on sait, en dehors de tout doute,
être une fiction, voilà la croyance suprême.
La vérité la plus subtile consiste à savoir
qu'il ne s'agit que d'une fiction et à y croire
quand même librement.

Wallace Stevens

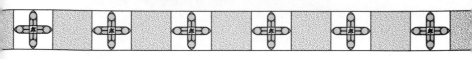

$\mathcal{D}$ANS LES ORDRES RELIGIEUX, ON ATTA-
che une importance particulière à la façon dont chacun doit
porter ses cheveux. Certaines communautés interdisent à
leurs sujets de les couper, d'autres font de la coupe des cheveux un élément du rite d'initiation. C'est ainsi qu'on
reconnaît les moines à leur tonsure. Dans certains groupes,
on semble trouver un intense plaisir spirituel à se raser la
tête ou, au contraire, à se friser les cheveux. Ailleurs, on
observe des règles très précises concernant le port du voile,
du foulard, du chapeau ou du turban. À la télévision, on
reconnaît certains évangélistes à leur coiffure.

La religion nous enseigne ici quelque chose d'extraordinaire : que la chevelure, telle qu'elle peut apparaître, porte
en elle un saint mystère. Si même les cheveux sont sacrés,
rien, semble-t-il, ne peut alors échapper au surnaturel.

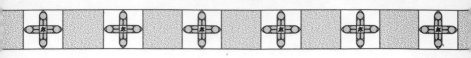

*M*ALGRÉ UNE INTENSE VIE COMMUNAU-
taire, la pauvreté liée à leur état et leur retrait du monde, il
n'est pas inhabituel pour les moines de voyager à travers le
monde. Thomas Merton, le moine peut-être le plus fameux
de notre époque, qui a passé plusieurs années de sa vie dans
une communauté à la discipline rigoureuse, est mort à
Bangkok, aux antipodes du monastère auquel il était rat-
taché.

Les moines qui voyagent, comme beaucoup de gens
ayant une vocation spirituelle, possèdent ici et là des ports
d'attache. Ils peuvent résider à bon marché dans d'autres
monastères ou dans les demeures de gens dévoués à la
même cause qu'eux. Le voyage et l'hospitalité dont ils peuvent bénéficier font partie de leur vie. Leur attitude nous fait
voir qu'il y a une façon monastique d'élargir l'idée même
qu'on se fait du foyer.

Les gérants d'hôtel, les aubergistes et les propriétaires de
chambres d'hôtes connaissent-ils le caractère traditionnel et
spirituel de leur travail ? Ne pourrions-nous pas tous arriver
à saluer le moine dans la personne de ceux qui cherchent un
endroit où passer la nuit ? Nous serait-il possible d'ouvrir à
notre prochain notre cœur, aussi bien que notre porte,
comme si nous appartenions tous à la même confrérie de
voyageurs ?

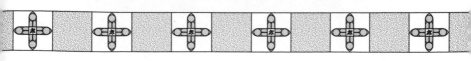

*L*E CÉLIBAT DU MOINE NE CORRESPOND pas simplement au renoncement à la vie sexuelle et au mariage. Le moine n'est marié à rien d'autre qu'à l'infini, et cette relation est singulièrement insaisissable. Si vous êtes marié au Tout et au Rien, au Minimum et au Maximum, pour reprendre les termes de Nicolas de Cuse, vous êtes un célibataire dans le monde.

Le moine cultive le détachement. Il ne faut pas trop vite conclure qu'il n'éprouve ni souffrance ni jouissance à propos des liens qui l'attachent aux êtres et aux choses. L'esprit de détachement, on peut le trouver dans la chasteté, le célibat et même au milieu d'une myriade d'attachements. Il faut s'efforcer de développer un esprit qui n'a pas besoin de dominer pour exercer son influence.

Peut-être devrions-nous nous entraîner au détachement vis-à-vis de tout ce à quoi nous sommes mariés.

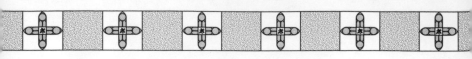

COMME LA PLUPART DES GENS MODERNes, les moines ont fait l'expérience des différents moyens de se trouver à la fois seuls et ensemble. Les monastères primitifs étaient conçus de façon à ce que le moine puisse vivre dans sa propre cellule et manger les produits de son propre jardin, et participer pourtant à la vie commune avec ses confrères.

Il arrive que des gens aient envie de vivre leur individualité dans l'état du mariage ou dans le cadre d'une autre forme étroite de relation. D'autres, qui vivent seuls, peuvent être désireux de se trouver un compagnon, une compagne ou une communauté.

Le monachisme semble avoir échappé à ce genre d'inquiétude. On y a plutôt joui de la possibilité d'expérimenter les deux styles de vie au même endroit. Peut-être notre préoccupation vient-elle de ce que nous essayons de trouver une réponse mentale et abstraite au problème. La solution du moine est de modeler concrètement la vie de telle sorte qu'elle réponde aux deux besoins.

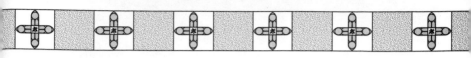

LE CLOÎTRE, QUI EST UN ENDROIT DU monastère aménagé à l'écart pour assurer la solitude parfaite, tient une place importante dans la vie du moine. Le mot signifie séparation et il a un rapport sémantique avec la technique du cloisonné, en joaillerie, où de minces arêtes de métal forment le dessin et sertissent les pierres ou les émaux. Il est étonnant que le cloître, qui a été conçu comme un moyen de garder les moines en dehors du monde, soit reconnu pour sa beauté. En architecture comme en joaillerie, le cloisonnement se révèle un facteur esthétique.

L'aménagement de nos maisons et la façon de mener notre existence permettent encore aujourd'hui de bénéficier des avantages du cloître. En effet, nous vivons à une période où l'engagement social est bien vu, de sorte que le repliement sur soi peut paraître suspect. Mais le moine, voué sans réserve à la vie communautaire et aux besoins du monde, pouvait trouver la nourriture de son âme dans la solitude dont il bénéficiait à l'intérieur d'un cloître bienveillant.

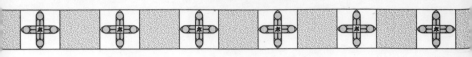

'ESPRIT EST LE PRINCIPE LE PLUS CRÉATIF, le plus dynamique et le plus signifiant de la vie dans tous ses aspects. Il est pourtant aussi le plus dangereux. Quand l'esprit nous visite, il nous pousse à l'action, à l'engagement, aux grandes ambitions, à l'idéal, à l'altruisme. Autant d'aspirations qui nourrissent l'âme, mais qui peuvent aussi lui faire du tort, tout autant que les attitudes contraires : l'immobilisme, le repli, l'attente, l'aveuglement, l'égocentrisme.

Quand l'esprit n'est pas bridé et maîtrisé par l'âme, il adopte rapidement des attitudes radicales : vouloir convertir les autres et poursuivre ses ambitions de façon aveugle et cynique. Sans la conscience, la force de l'esprit peut devenir violence ; l'altruisme qu'il inspire peut être vicié et devenir intrusion dans la liberté des autres. Sa créativité peut se transformer en productivité effrénée et sa quête de sagesse se transmuer en possession jalouse de la vérité.

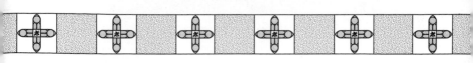

À L'ÉPOQUE OÙ J'ÉTUDIAIS LA PHI-
losophie, en Irlande, j'ai subi une appendicectomie
d'urgence à la suite de laquelle je me suis retrouvé dans une
salle d'hôpital avec une vingtaine d'autres hommes. C'était
un lieu vraiment actif que cette salle : les patients allaient
faire des raids à la cuisine au milieu de la nuit et distri-
buaient de la nourriture interdite à ceux qui ne pouvaient
quitter leur lit ; au cours de la journée, il se produisait des
épisodes tellement hilarants que je craignais que ma plaie ne
se rouvre sous l'effet de mes éclats de rire.

Le jour de mon retour au monastère, mon professeur de
grec, qui était pourtant un homme d'intelligence et de bon
caractère, m'a accosté. «Je suppose que vous devez être
maintenant bien en avance sur vos confrères dans la
connaissance du grec», m'a-t-il dit sérieusement. En réalité
j'avais au moins dix jours de retard. Je m'étais contenté de
suivre le train-train de la vie à l'hôpital, j'avais fait connaissance avec les gens et, par-dessus tout, je m'étais reposé. Je
me sentais cependant coupable et je me demandais pourquoi
je ne pouvais faire preuve d'autant de discipline personnelle
que ce maître respecté.

Mon professeur de grec est aujourd'hui décédé, mais je
me demande ce qu'il pensait, à la fin de sa vie, de l'énergie
et de la discipline qui avaient fait sa force. Se peut-il qu'il se
soit dit, après une vie consacrée aux idéaux religieux, qu'il
aurait pu gagner à moins exiger de lui-même et des autres !
À moins que cette vie sévèrement disciplinée ne fût sa joie !

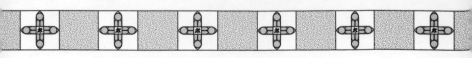

*D*URANT L'ANNÉE DE NOVICIAT CHEZ LES Servites, nous faisions un intense apprentissage de la vie de communauté, mes confrères et moi. Nous n'étions pas autorisés à écouter la radio, à sortir dans le monde ou à lire les journaux. Nous avons vécu un an dans l'ignorance de ce qui se passait à l'extérieur des murs.

À notre époque, il semble que ce soit une nécessité, un devoir même, que de connaître ce qui se passe partout dans le monde. On peut même considérer comme une forme moderne d'anxiété, de névrose peut-être, le besoin d'être informé minute par minute des derniers événements.

L'idéal se trouve-t-il dans une attitude moyenne entre ces deux extrêmes? Ou bien pouvons-nous entretenir simultanément les deux passions, le souci adulte d'être informé et l'attitude de l'enfant qui ne demande qu'à rester insouciant et irresponsable?

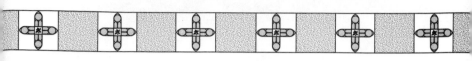

*L*E JOUR OÙ SAINT CHRISTOPHE, CELUI qui avait porté Jésus sur ses épaules pour lui faire traverser la rivière, est descendu des autels parce que le caractère historique de sa vie était sérieusement mis en doute, a été un jour noir pour l'imaginaire religieux. Le but même de la religion est de nourrir la vie et de lui donner un sens en proposant des exemples dignes d'être imités.

Il semble que les historiens et les savants pensent encore que leurs connaissances fondées sur l'expérience correspondent à des données factuelles qui n'ont rien à voir avec la fiction. Il est pourtant très clair, après les révisions successives qui ont bouleversé le champ du savoir, que, dans les domaines les plus fondamentaux et les sphères les plus diverses, nous sommes perdus au fond des rets immenses de l'imagination.

Le moine est assez courageux et assez fou pour construire sa vie sur une inspiration fondamentalement nourrie par l'imagination.

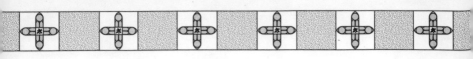

À NOËL, NOUS CÉLÉBRONS LA NAIS-
sance de l'Enfant Dieu, ou l'enfance de la divinité, ou la
divinité de l'enfance, ou la lumière et la vie jaillies des ténè-
bres : un enfant dans une crèche. C'est un mystère que nous
honorons, un mystère qui ne peut être ni expliqué ni com-
pris.

Cette célébration, comme tous les rituels sacrés, est issue
d'une tradition religieuse particulière. Pourtant, c'est la glo-
rification d'un mystère cosmique auquel tous les êtres parti-
cipent.

Dans un sens analogue, on peut affirmer que c'est le
caractère particulier de la vie du moine qui justifie son existence. Pourtant, c'est sa pertinence totale et parfaite qui la
rend universellement et éternellement valable. L'idéal du
moine est de modeler une forme de vie qui, à tout moment
et en toute entreprise, incarne ce paradoxe de l'individualité
et de l'universalité.

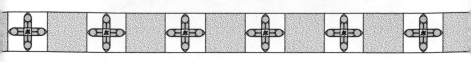

$\mathcal{L}$A PLUPART DES MOINES QUE J'AI REN-
contrés au cours des dernières années voyageaient à travers
le monde – ils se rendaient en Pologne, en Russie, en Israël
ou à Paris – ou bien régissaient de grands domaines et de
beaux édifices dont ils parlaient en disant «chez nous».

Apparemment, l'esprit de pauvreté est un terrain propice
à l'établissement d'une entreprise ou au développement de
la vie à l'échelle du village global. Les vertus d'humilité et
de modestie ne procurent pas seulement la pureté du cœur,
elles aiguisent aussi le talent d'une personne pour les affaires. Les grands chefs d'entreprises seraient bien avisés de
passer quelque temps en retraite avec les moines. Ils appren-
draient ainsi l'art de réussir en affaires.

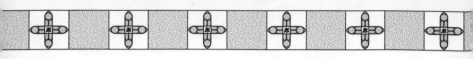

LA VIE QUOTIDIENNE, AU MONASTÈRE, est ordinairement ponctuée par la sonnerie des cloches. Pourquoi les cloches sont-elles si fortement liées, dans notre imaginaire, aux églises et aux monastères? C'est peut-être à cause de la puissance de leurs harmoniques, cette résonance aiguë qui décroît lentement une fois que le battant a frappé le bronze. Au XVIIe siècle, Robert Fludd a décrit les anges comme les harmoniques de la vie humaine. Jeanne d'Arc adorait les cloches. Elle entendait spécialement ses voix lorsque sonnaient les heures de matines et de complies, l'office du matin et celui du soir dans la journée du chrétien.

On peut considérer comme des harmoniques ce qui nous reste de chacune de nos expériences longtemps après les avoir vécues : le souvenir, le choc émotif, les changements de comportement. Il est aussi possible d'en dire autant de la signification et des conséquences de nos actes, de leurs divers aspects et de leurs répercussions.

Les moines s'intéressent aux harmoniques de l'expérience plutôt qu'aux faits eux-mêmes. Ce sont des professionnels de la résonance spirituelle. Quand les cloches sonnent, ils s'arrêtent et prêtent l'oreille.

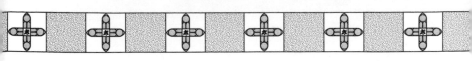

AU COURS D'UNE ANNÉE FORT OC-
cupée de ma vie monastique, j'ai acquis deux grades universitaires, l'un en musique et l'autre en théologie. Un jour, le
professeur d'un cours d'orchestration plutôt difficile auquel
j'étais inscrit m'a donné comme travail la transcription pour
grand orchestre d'une sonate de Beethoven. Pendant cette
semaine, après une lourde journée partagée entre la routine
monastique et les études, je me précipitais sur le piano qui
se trouvait dans la grande salle de récréation. Assis là,
j'essayais de me rappeler le registre de chacun des instruments de l'orchestre, la clef dans laquelle ils jouaient et leur
couleur propre, puis j'essayais d'inventer une partition qui
aurait une vraie couleur romantique.

Pendant que je me tuais à travailler, tout absorbé dans la
difficile entreprise de devenir orchestrateur, un religieux qui
passait par là m'a aperçu. « Pourquoi ne vous mettez-vous
pas au travail comme nous tous, m'a-t-il demandé d'un ton
déplaisant, au lieu de vous amuser à pianoter ! »

J'ai chez moi maintenant la page enluminée d'un manuscrit suspendue au mur. Je regarde la page et la plante verte
peinte dans le creux du « P » majuscule au début des mots
Parce mihi, Domine – Épargnez-moi, Seigneur – et je me
rends compte que les moines oublient parfois que leur travail
propre tient de l'art et du jeu. Je prie alors pour que me soit
épargnée la critique du moraliste qui n'est pas d'accord avec
mes façons capricieuses.

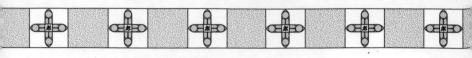

QUAND JE CHERCHE LA RAISON POUR laquelle les gens deviennent moines, je ne puis en trouver aucune qui soit satisfaisante. Un homme dont le père avait essayé de devenir moine et avait échoué a tenté de réussir à sa place. Il n'a récolté que regret et frustration. Un autre était homosexuel et espérait trouver de la compagnie au sein de la communauté mâle du monastère. Moi-même, j'ai été conduit à la vie monastique à un âge vulnérable où j'idéalisais les garçons plus âgés que moi qui avaient quitté leur famille pour le monastère.

Serait-il donc possible, quelquefois tout au moins, que d'heureuses conséquences résultent de décisions prises pour les mauvaises raisons ?

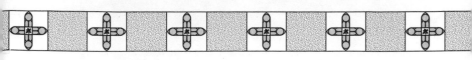

*L*ES TEXTES ANCIENS DANS LESQUELS LES moines trouvent une justification de leur mode de vie proposent souvent des moyens de résister aux tentations de la chair. Qu'y a-t-il dans le sexe qui soit incompatible avec la vie monastique? La réponse évidente se trouve dans le besoin de solitude chez le moine. Pourtant on a l'impression, à lire les écrits d'autrefois, que l'explication est d'une nature plus profonde.

Le sexe dérangerait le moine en l'incitant à nouer des relations, à se livrer au plaisir et à se laisser captiver par les amours romanesques. Son idéal vise à une vie plus noble, plus subtile et moins compliquée.

La présence constante et de plus en plus tyrannique de la tentation sexuelle, dans ce qu'elle a de fondamental et compte tenu des fantasmes et des obsessions qui peuvent s'y ajouter, est un autre paradoxe de la vie monastique. Elle se traduit chez le moine par le combat sans merci qu'il doit livrer à ses instincts sexuels, de sorte que le moine, pourrait-on croire, est plus préoccupé par le sexe qu'il ne le serait s'il n'avait pas prononcé le vœu de chasteté.

La fuite donne ordinairement plus d'importance à la réalité qu'on fuit; elle établit avec elle une intimité particulière.

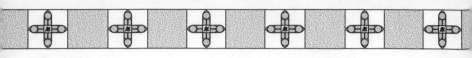

QUAND J'ÉTAIS NOVICE, NOTRE MO-
nastère avait un verger qui produisait des pommes de multiples variétés. Durant les week-ends, nous remplissions une
charrette de pommes et de bouteilles de cidre. Nous la
conduisions jusqu'à la route pour vendre nos produits aux
passants. J'aimais bien conduire le tracteur et entendre sau-
ter le bouchon des bouteilles pleines de cidre vieux.

Nous avions toutes sortes de pommes. Une variété, la
Wolf River, donnait des pommes d'une grosseur exceptionnelle, d'un rouge brillant et de forme symétrique. Les clients
ne pouvaient s'empêcher d'acheter ces pommes, même si je
leur expliquais que la chair du fruit était très sèche et que
c'étaient les pommes les moins bonnes que nous mangions
au monastère.

Il est plutôt bizarre de voir un moine essayer de convain-
cre les gens innocents de ne pas manger la belle pomme
rouge.

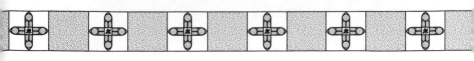

*P*OUVEZ-VOUS IMAGINER UN MONAS-
tère sans une épaisse et lourde porte en bois ? Dans tous les
monastères où j'ai vécu, les moines utilisaient généralement
les portes en métal ou en bois peint qui se trouvaient sur les
côtés ou à l'arrière de l'édifice. Il semblait toujours étrange
d'entrer par la porte principale, comme si elle était trop
solennelle pour être utilisée tous les jours. Les portes suggè-
rent toujours un rite de passage, tout particulièrement les
lourdes portes en bon bois naturel bien solide.

Frapper à la grande porte d'un monastère est l'un des gestes les plus mystérieux qu'une personne puisse faire. C'est
comme passer à travers un miroir ou trouver l'entrée d'une
caverne conduisant à un monde inconnu.

La vie est pleine de ces portes, quelques-unes réelles,
d'autres symboliques. Certaines apparaissent comme le seuil
de l'âme, alors que d'autres semblent déboucher unique-
ment sur l'inconnu.

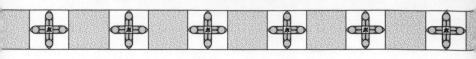

ON RACONTE QU'AU MILIEU DE LA vingtaine, Pic de la Mirandole, philosophe de la Renaissance, invita le monde entier à Rome pour débattre de ses idées. Il envisageait d'écrire un traité sur la théologie poétique. Ce livre attend toujours qu'on l'écrive et l'idée reste encore à exploiter.

L'artiste qui dialogue avec les muses est peut-être le meilleur théologien et le théologien qui pense, parle et écrit en poète est probablement la source la plus sûre de savoir religieux. L'histoire fournit l'exemple de plusieurs tentatives de lier art et religion. Cela reste encore et toujours notre tâche de voir, avec nos moyens ordinaires et personnels, comment l'un et l'autre se compénètrent.

Une vie authentiquement artistique, et non pas simplement esthétique, est religieuse. L'inverse est aussi vrai.

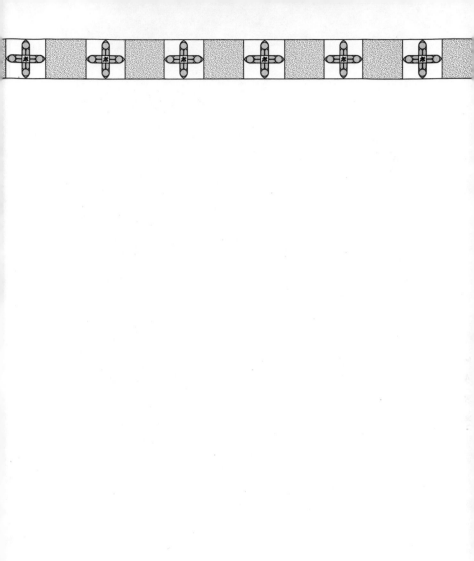

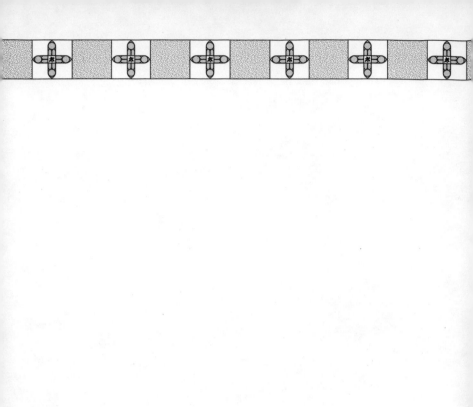

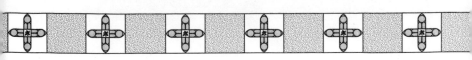

Une action de grâce à l'endroit des scribes et de tous les autres artisans qui ont collaboré à une production rapide de ce livre :

À Michael Katz, qui connaît les moines et les livres ;

À Hugh Van Dusen, qui connaît le monde et le retrait du monde ;

Au père Patrick McNamara, homme d'intelligence et d'esprit, notre maître à nous tous, ses novices ;

À Pat Toomay, frère d'un autre ordre ;

À David Bullen, qui maîtrise l'art vénérable et antique de faire de beaux livres ;

À Joan Hanley, dont l'amour de la vie embellit tout ;

À Abraham et Siobhán, qui sont encore voisins des anges.

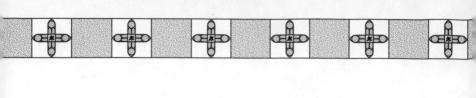

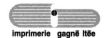

imprimerie gagné ltée